LA GALILÉE

CALMANN LÉVY, ÉDITEUR

DU MÊME AUTEUR

Format grand in-18

AU MAROC............................	1 vol.
AZIYADÉ.............................	1 —
LE DÉSERT...........................	1 —
L'EXILÉE............................	1 —
FANTÔME D'ORIENT....................	1 —
FLEURS D'ENNUI......................	1 —
JAPONERIES D'AUTOMNE................	1 —
JÉRUSALEM...........................	1 —
LE LIVRE DE LA PITIÉ ET DE LA MORT..	1 —
MADAME CHRYSANTHÈME.................	1 —
LE MARIAGE DE LOTI..................	1 —
MON FRÈRE YVES......................	1 —
PÊCHEUR D'ISLANDE...................	1 —
PROPOS D'EXIL.......................	1 —
LE ROMAN D'UN ENFANT................	1 —
LE ROMAN D'UN SPAHI.................	1 —

Édition illustrée.

MADAME CHRYSANTHÈME, format in-8° cavalier, avec un grand nombre d'aquarelles et de dessins de Rossi et Myrbach............................ 1 vol.

PÊCHEUR D'ISLANDE, format in-8° jésus, nombreuses compositions de E. Rudaux........ 1 —

IMPRIMERIE CHAIX, RUE BERGÈRE, 20, PARIS. — 23806-11-95. (Encre Lorilleux).

LA GALILÉE

PAR

PIERRE LOTI

DE L'ACADÉMIE FRANÇAISE

VINGT-NEUVIÈME ÉDITION

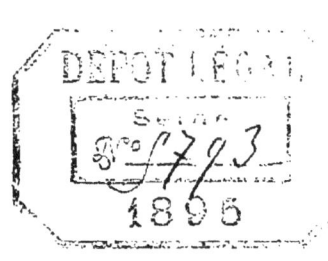

PARIS

CALMANN LÉVY, ÉDITEUR

ANCIENNE MAISON MICHEL LÉVY FRÈRES

3, RUE AUBER, 3

1896

Droits de reproduction et de traduction réservés pour tous les pays, y compris la Suède, la Norvège et la Hollande.

A MON AMI

LÉO. THÉMÈZE

MON COMPAGNON DE VOYAGE

P. LOTI.

PRÉFACE DE L'AUTEUR

J'ai parcouru la triste Galilée au printemps, et l'ai trouvée muette sous un immense linceul de fleurs. Les ondées d'avril y tombaient encore, et elle n'était qu'un désert d'herbages, un monde de graminées légères, prenant vie nouvelle au chant d'innombrables oiseaux. Les grands souvenirs, les débris, les ossements semblaient plus profondément y sommeiller, sous ce silencieux renouveau des plantes, — et j'ai voulu, dans mon récit, les remuer à peine. Aux approches de Nazareth et de la mer de Tibériade, le fantôme ineffable du Christ deux ou trois fois s'est montré, errant, presque insaisissable, sur le tapis infini des lins roses et des pâles marguerites jaunes, — et je l'ai laissé fuir, entre mes mots trop lourds...

Les aspects intimes de la campagne, la couleur, les sons et les parfums, c'est tout ce que j'ai peut-être noté en passant.

Et c'est d'ailleurs, dans ce pays sacré de Gâlil tant de fois décrit par les poètes merveilleux, la seule part que mes aînés m'aient laissée.

P. LOTI.

LA GALILÉE

I

Mardi 17 avril 1894

Au matin, près de la porte de Jaffa, nous montons à cheval par grand vent et pluie glacée. Nous quittons Jérusalem sous des nuages de tourmente.

C'est le côté des concessions européennes, des hôtels, des toits en tuiles rouges, — et la ville sainte, derrière nous, s'éloigne avec des aspects de ville quelconque; puis, disparaît dans les replis d'un pays désert, sans maisons et sans arbres, où des régions pierreuses alternent avec des champs d'orge. Entre Jérusalem et Damas, où nous comptons nous rendre en traversant l'antique Galilée, il n'existe pas encore de route; on va d'un village à un autre, par de simples sentiers qui sont des casse-cou plus dangereux aux chevaux que les champs d'alentour. Et brusquement nous sommes dans des solitudes désolées que le vent balaye et où la pluie ruisselle ; le soir nous aurons pour gîte, en un point quelconque du sombre pays, ces tentes déjà trempées d'eau, que des mules, derrière nous, charrient péniblement, en glissant dans la boue à chaque pas.

Des orges et des pierres, à perte de vue il n'y a rien d'autre, et pas un abri.

Les impressions des dernières heures de Jérusalem, les navrantes et les douces, se dispersent et s'éteignent dans l'espace vide, dans le froid, dans la mouillure, dans le coup de fouet continuel des rafales. Nous ne sommes plus que des errants quelconques, en lutte physique contre un temps d'hiver, et, par moments, contre nos chevaux qui tournent le dos à l'ondée cinglante, refusant d'avancer. — Sinistre départ qui nous donne l'envie de rebrousser chemin.

Après quatre heures d'étape, halte au hameau perdu qui s'appelle Béïtine. Il vente tempête. Un Arabe hospitalier nous offre comme refuge la maison, le cube de pierre tout noirci de fumée qu'il habite avec ses petits. Transis, nous nous séchons là devant un grand feu de branches, qui nous enfume à nous faire pleurer. Dans le désert rocheux qui nous environne, les rafales sifflent, la pluie s'abat, furieuse.

Et, l'un après l'autre, amenés par la curiosité, les laboureurs des champs voisins entrent, le burnous ruisselant, font cercle avec nous autour du feu ; bientôt une buée de vapeur monte de nos vêtements à tous et se mêle à l'âcre fumée. Il fait presque nuit, dans ce gîte sans fenêtre, qui ne prend jour que par la porte.

Et ce sont les paysans actuels de la Judée, ces hommes à turban qui nous entourent : envahisseurs séculaires, comme les Bédouins leurs frères nomades ; envahisseurs mystérieux, venus, semblerait-il, pour exécuter contre ce pays la menace des prophéties bibliques, pour lentement dépeupler, lentement détruire, répandre d'étranges torpeurs sur ces campagnes et maintenir à jamais l'immobilité des ruines.

> Il donna aussi le nom de Béthel, c'est-à-dire *maison de Dieu*, à la ville qui auparavant s'appelait Luza.
> (Genèse, XXVIII, 19.)

On était relativement bien là, autour de ce feu, et, en se chauffant, on s'engourdissait, devant les flammes dansantes, dans une sorte de sommeil.

Cependant, il faut repartir, puisque nous avons tant fait que de nous mettre en route. A la porte, nos pauvres chevaux mouillés nous attendent.

Et, quand nous sommes en selle, nous regardons,

avant de nous éloigner, les informes ruines qui gisent encore autour de nous, confondues avec les rochers et la terre.

Béïtine (ou Béthel), c'était la Luza de la Genèse, dont Jacob changea le nom à la suite d'un songe pendant lequel cette insondable prophétie lui avait été faite, comme à Isaac son père : *Toutes les nations de la terre seront bénies en Celui qui sortira de vous.* Dans la suite des âges, Béthel eut ses moments de grandeur ; l'Arche de l'Alliance y fut quelque temps déposée dans un sanctuaire de Jéhovah, et plus tard Jéroboam y construisit un temple du Veau d'or. Aujourd'hui, ses débris se voient à peine et son nom est presque oublié ; dans une région abandonnée des hommes et des arbres, elle est le gîte d'une cinquantaine d'Arabes laboureurs aux allures sauvages.

Nous cheminons trois heures encore, dans des sentiers où nos chevaux ont parfois de l'eau jusqu'aux genoux.

Le pays demeure pareil : toujours des orges et toujours des pierres, des pierres surtout, lavées à grande eau et dangereusement glissantes sous nos pas ; des étendues blanchâtres, des étendues grises, de mornes horizons vides où se promènent des nuages noirs. Au crépuscule, tout cela se fait plus désolé, aperçu à travers la pluie fouettante. Une sorte de neige fondue tombe sur nous sans merci, trempe nos vêtements et nous glace. Nous sommes transis jusqu'à l'âme, quand nous arrivons au hameau de Senghel où nous devons passer la nuit : groupe d'une douzaine de cubes de pierre que surmontent des petites coupoles ; groupe perdu, campé sur une hauteur et dominant de solitaires lointains.

Nos tentes mouillées ne seraient vraiment pas habitables, surtout par le grand vent qui souffle. Alors un patriarche arabe, sur notre demande, nous prête pour la nuit l'un de ces cubes voûtés dont l'ensemble compose sa maison ; il en possède quatre pareils, ouvrant par des ogives sur une sorte de cour intérieure qui est chaque soir remplie de moutons et de chèvres.

Pour des nomades que nous sommes, c'est là un gîte inespéré, ce solide bloc de maçonnerie. Il est tout badigeonné de chaux blanche, avec des niches ogivales creusées çà et là dans l'épaisseur des murailles pour recevoir des narguilhés, des buires ou des amphores. Quand nos tapis de campement sont étendus sur le sol et que la flamme d'un grand feu danse gaîment dans la cheminée profonde, nous éprouvons des impressions de chaude sécurité, au milieu de ce pays vide et noir ; protégés par les gros murs primitifs, nous entendons toute la nuit un bruit de rafales et de grêle au dehors, et des pleurs de petits enfants arabes dans les cubes de pierres voisins du nôtre.

II

Mercredi 18 avril.

Au matin, lorsqu'il faut partir, il vente et il pleut toujours. L'aube est grise et désolée.

Quand on amène dans la cour, encore remplie de bétail, nos chevaux sellés, les innombrables petits enfants de notre hôte — tous beaux avec de longs yeux — se pressent pour regarder aux ogives des portes, perchés, par crainte de l'eau ruisselante, sur des espèces de lits de pierre d'une forme antique, comme de jeunes chats qui auraient peur de se mouiller les pattes.

Nous quittons ce hameau de Senghel sous l'arrosage d'une ondée froide, au jour levant. Et aussitôt nous voilà replongés dans le désert de la campagne.

De la boue, des flaques d'eau, des pierres glissantes. Une interminable marche par les vallées et les montagnes mouillées, dans un pays toujours sans arbres.

En chemin, croisé plusieurs bandes de Syriens, de Syriennes aux vêtements chamarrés et aux jolies figures, qui chevauchent comme nous malgré la pluie, se rendant à quelque pèlerinage.

J'ai négligé de dire au début que notre caravane se compose de mon ami Léo et de moi; d'un guide arabe, à cheval comme nous; de deux domestiques syriens sur des mules, de huit mulets porteurs de nos tentes et de cinq muletiers.

Après sept heures de route, à un tournant de ravin, apparaît enfin Naplouse, une grande ville turque de minarets et de coupoles, toute blanche aux pieds de hautes montagnes couvertes d'oliviers et de cactus; Naplouse, qui serait peut-être charmante sans l'inexorable pluie, sans les nuages d'hiver. C'était l'antique Sichem de la Genèse, qui fut mêlée à toutes les sanglantes tourmentes d'Israël et qui, un millénaire environ avant Jésus-Christ, devint pour un temps rivale de Jérusalem après le schisme des dix tribus. Plus tard, ce fut la Flavia Neapolis de Vespasien. Et enfin, pendant la période éphémère du royaume des Francs, ce fut un instable évêché, constamment maintenu sur le pied de guerre. Aujourd'hui, c'est une intransigeante ville musulmane habitée par vingt mille Turcs et un millier d'infidèles, tant chrétiens que Samaritains ou juifs. Comme Hébron, comme Gaza, elle remonte à des âges presque légendaires ; cependant elle a, par exception, conservé un aspect de vie, qui surprend dans ce pays de ruines et de sépulcres.

Frondeuse et révoltée à toutes les époques de l'histoire, elle demeura intraitable aux chrétiens jusqu'au commencement de notre siècle, à tel point que les pèlerins du Nord, en passant, l'évitaient par de longs détours. Aujourd'hui, elle n'a pas cessé d'ailleurs d'être réputée pour son fanatisme inhospitalier.

A l'entrée de Naplouse, sous l'averse incessante, nous frappons à la vieille porte des moines latins, qui nous accueillent aimablement dans leur grand couvent délabré et solennel. Nous encombrons les cloîtres de nos cantines et de nos tentes mouillées, tandis que les Pères s'empressent à nous faire du feu, à nous commander des soupes chaudes.

Puis, dès que nous sommes un peu réconfortés et séchés, nous sortons du monastère pour nous enfoncer, aux dernières heures du jour, dans le labyrinthe des rues sombres.

Si, de loin, Naplouse paraît une ville fraîche et

1.

blanche, c'est là une illusion donnée par un revêtement superficiel de chaux sur ses toits de pierre, sur ses minarets et ses coupoles. Intérieurement, elle ressemble à Jérusalem ; c'est la même décrépitude et la même obscurité. A part deux grandes voies, que bordent des maisons turques à quatre ou cinq étages mystérieusement fermées et grillées, le reste n'est qu'une confusion de petits passages et détours maintenus dans une demi-nuit sous d'antiques voûtes. La pluie partout nous accompagne ; à l'abri dans les parties voûtées, nous sommes d'autant plus inondés après, dans les endroits à ciel ouvert, par les ruisseaux que vomissent sur nous les vieux toits ; nous pataugeons dans la boue gluante, ne rencontrant que de rapides passants drapés de laine ou bien des troupes de mauvais chiens crottés. — De l'Orient mouillé et boueux, c'est une chose qui ne va plus, qui déroute, qui tout de suite devient sinistre — et que pourtant j'aime encore. — Au passage, nous reconnaissons des vestiges de tous les âges antérieurs : dans les murailles arabes, des fragments de colonnes antiques, de sarcophages phéniciens ou grecs, et des lambeaux d'inscriptions coufiques ou samaritaines. Les mosquées, dont la plus grande rappelle extérieurement le Saint-Sépulcre, ont été jadis des temples païens, ou des basiliques byzantines, ou des églises des croisades. Et toute cette ville nous apparaît comme un vaste ossuaire de débris confondus. Dans notre France si neuve, dans tout notre Occident né d'hier, s'il nous arrive de nous recueillir en présence de ruines romaines, ou même seulement gothiques, on conçoit ce que peut devenir cette oppression du passé, en un lieu comme Sichem-Naplouse, dont l'existence est connue dans les annales des hommes depuis près de cinq mille ans...

Ce qui est surtout particulier et unique ici, c'est la présence des derniers Samaritains, demeurés fidèles au rite de Manassé. — Et nous nous rendons au quartier qu'ils habitent dans le sud-ouest de la ville, au pied du Garizim, leur montagne sacrée...

Les Samaritains, comme on sait, ont pris naissance, en tant que peuple distinct, après la destruction du royaume d'Israël par Salmanazar; ils sont issus de ces idolâtres amenés de Babel, de Couth, de différents points de l'Assyrie, qui se mêlèrent aux quelques Hébreux demeurés dans la Judée presque dépeuplée. Au retour de la captivité de Babylone, les Israélites refusèrent de les reconnaître comme descendants d'Abraham, et ce fut, entre les deux races, l'origine des sanglantes haines séculaires.

Le culte des Samaritains est à peu près conforme à celui des Hébreux primitifs; ils n'admettent comme livre saint que le Pentateuque et repoussent comme mensonger tout ce qui est postérieur à Moïse. Ils attendent un vague Messie qui doit reconstruire, sur le Garizim, leur grand temple détruit depuis deux mille ans. Le plus étrange de leur longue histoire tourmentée est qu'ils existent encore ; de tout temps persécutés, deux ou trois fois passés au fil de l'épée, égorgés en masse dans leur sainte retraite du Garizim, on les croyait disparus de la terre quand, au xive siècle, Benjamin de Tudèle signala la présence de quelques centaines d'entre eux à Naplouse ; et ils sont encore deux ou trois cents aujourd'hui, qui vivent séparés du reste des hommes, confinés dans l'observation d'un fantôme de culte.

Nous pénétrons maintenant dans leur quartier, qui semble vide et où toutes les fenêtres sont closes.

Leur temple seul est ouvert. La porte, basse et misérable au milieu d'un vieux mur, donne accès d'abord dans une très petite cour mélancolique, où des orangers tout ruisselants de pluie, tout blancs de fleurs, mêlent leur parfum à celui de la terre mouillée. Le sanctuaire, qui vient ensuite, est une salle obscure paraissant tenir à la fois de la mosquée et de la synagogue ; des murailles nues, peintes de chaux immaculée, et, par terre, des nattes blanches. Nous ôtons nos babouches et nous entrons.

Un personnage en robe de soie rouge, qui est là seul dans la froide pénombre du fond, se lève et vient à nous : c'est le grand prêtre Jacob, homme de la tribu de Lévi. Il a bien la figure qui convient à ses fonctions terrestres, l'étrange et longue figure des races vieillies, quelque chose de juif et quelque chose d'assyrien. Mais, à l'humble empressement de son accueil, on sent tout de suite qu'il est habitué à voir passer les voyageurs modernes et qu'il sait en tirer bénéfice.

— En effet, nous dit-il, tout le quartier d'alentour est presque désert en ce moment-ci ; c'est précisément demain le jour de la Pâque manasséenne, où l'on doit immoler, au sommet du Garizim, sept agneaux blancs à Jéhovah; alors, depuis l'avant-veille, suivant l'immémoriale coutume, ils sont déjà là-haut, les Samaritains; malgré l'incessante pluie, ils ont dressé leurs tentes sur la montagne sacrée. Lui-même, Jacob, n'est redescendu que momentanément, pour prendre le précieux Pentateuque et certains objets nécessaires à son culte.

Ce Pentateuque, dont la présence entre les mains des Samaritains était déjà connue au moyen âge, et suscita, dès le xviie siècle, des correspondances entre leurs grands prêtres et les théologiens d'Occiden remonte vraisemblablement à l'époque de Manassé (ve siècle avant Jésus-Christ). Il réside ici même, caché sous des rideaux de serge verte, dans une niche de la muraille épaisse, et on l'apporte, pour nous le faire voir, près de l'entrée du petit temple, dans la lueur terne qui arrive du dehors, qui tombe du ciel avec la pluie.

C'est d'abord, enveloppé de soie blanche, un cylindre en bronze recouvert de caractères et de figures symboliques ; puis, dans une seconde gaine, faite d'une vieille soie verte, apparaît un rouleau sans fin criblé de minuscules et mystérieuses lettres — lettres phéniciennes, celles que les Hébreux employaient avant la captivité de Babylone. Les cinq livres de Moïse sont écrits là d'affilée, grimoire qui se prolonge sur une longueur de plusieurs mètres et d'où se dégage un imprécis effroi. Il est unique, ce livre qui depuis plus de deux mille ans n'a cessé de servir, ni d'être vénéré ; qui est le talisman et la raison d'être de tout un petit groupe humain, débris persistant d'un peuple anéanti. Et on s'explique à peine comment une relique d'une si inestimable valeur a pu rester aux mains de cette communauté misérable, à notre époque où s'achètent toutes choses.

Quand le Pentateuque a été de nouveau roulé, avec des soins infinis, puis replacé dans son étui de bronze et ses gaines de soie, nous prenons congé du grand prêtre Jacob, lui donnant rendez-vous pour demain matin, au sommet du Garizim, à la Pâque samaritaine.

Et nous nous éloignons dans l'humidité crépusculaire, dans l'ombre sépulcrale des rues, pour nous rendre à ce bazar de Naplouse qui est célèbre en Syrie, qui est le grand marché aux costumes, où s'approvisionnent toutes les peuplades à l'Est du Jourdain, les tribus nomades et les pillards du désert.

Ce bazar se compose surtout de deux longues et larges travées couvertes, qui se coupent à angle droit et dont le point de croisement est surmonté d'un dôme peinturluré. Nous y arrivons un peu tard; sous les voûtes, il fait presque nuit et déjà les vieilles devantures se ferment.

Aux étalages sont accrochés en quantités prodigieuses des vêtements et des harnais, de nuances souvent exquises. Et il y a des boutiques uniquement remplies de ces doubles couronnes en laine noire qui servent à retenir le voile au front des hommes et qui se portent ici d'une excessive largeur. Les affaires sont finies et les hommes s'occupent à replier les robes de soie et les ceintures chamarrées; cependant des groupes de Bédouins circulent encore, qui marchent d'une allure souple et lente, d'une belle allure de fauve.

Pour nous mieux garantir des ondées d'avril, nous tenons à acheter ici certains burnous appelés « burnous de Naplouse » et renommés dans cette partie de la Palestine. Et, tandis que nous sommes arrêtés devant un vendeur, nous amusant au perpétuel marchandage oriental, un vieux turban s'approche, d'abord trompé par notre aspect ; puis, surpris de nous entendre entre nous parler une langue inconnue, il demande à notre guide :

— Qu'est-ce que c'est que ces gens-là ?

— Des Français, mon père.

Alors, d'un ton très entendu, le Naplousien reprend :

— Oh ! oui, je vois bien ; mais, des Français chrétiens ou des Français mahométans ?

Évidemment, il se représente la France, comme la Syrie, partagée entre le christianisme et l'islam...

Quand nous rentrons, cheminant vers le monastère par les petites rues encaissées et profondes, c'est l'heure du Moghreb, et au-dessus de nos têtes, partout, d'invisibles muezzins chantent ; leurs voix claires, les fugues exaltées de leurs invocations, du haut du ciel gris et fermé, tombent sur nous avec la pluie.

Le bon feu et l'hospitalité des moines nous semblent délicieux, le soir, après un si long jour froid et mouillé. Ils ont recueilli aussi deux autres passants, deux jeunes hommes chrétiens, un Algérien et un Hindou, qui se sont liés d'amitié sur quelque navire et qui font ensemble à pied le pèlerinage de Terre Sainte, sans argent, sans bagages et sans guides, de village en village, demandant leur chemin aux Arabes compatissants ; — on ne rencontre vraiment qu'en Palestine des voyageurs si étranges.

Le Père Économe et surtout un jeune et charmant prêtre maronite, l'abbé Litfellah, nous tiennent compagnie pendant la courte veillée, dans le silence d'une grande salle délabrée et sinistre, tandis qu'au dehors ruissellent les gouttières et aboient les chiens errants. C'est plaisir de les faire causer sur Naplouse, son passé, ses ruines, et nous emporterons de leur accueil le plus sympathique souvenir.

Dans les cuisines du couvent, que nous traversons après avoir pris congé des deux Pères, nos muletiers sont autour de la cheminée, très occupés à faire bouillir du henneh pour se teindre les ongles. Pour nous, l'exemple est dangereusement irrésistible et la tentation subite nous vient, à Léo et à moi, de faire comme eux pour être plus bédouins. — C'est d'ailleurs une opération grave pour laquelle on nous conseille de nous mettre d'abord dans nos lits. Quand nous sommes couchés au dortoir, deux grands diables arabes, éclairés par un frère convers, s'approchent, portant des linges, comme pour habiller une momie, et, dans un plat, la bouillie chaude du henneh. Sur chacun de nos ongles, on pose un peu de cette pâte brune et on enveloppe ensuite chaque doigt d'une bandelette ; puis, on réunit sous un commun bandage les cinq doigts d'une même main ; quand c'est fini, nous avons perdu l'usage de nos bras, qui se terminent par de grosses poupées de linge blanc, comme des moignons d'amputés — et alors un fou rire imprévu retarde notre sommeil...

III

Jeudi 19 avril.

Le ciel, que nous regardons anxieusement en rouvrant les yeux, est ce matin vide, limpide, et le soleil oriental va pouvoir se lever dans sa splendeur.

Il est environ six heures et demie du matin, quand nous sommes à la porte du monastère, prêts à partir. La rue voûtée est encore très noyée d'ombre; mais, sous l'un des arceaux, là-bas, apparaît un coin de jardin plein d'orangers fleuris, plein de roses, tout lumineux de soleil; s'il fait sombre ici, on devine que plus loin, hors de l'oppression de ces vieilles ogives de pierre, tout rayonne.

En face de nous, dans l'obscurité, les lépreux de Naplouse, avertis hier de notre passage, s'alignent pour assister à notre départ: sous de vieux capuchons, sous de vieux turbans misérables, des figures bouffies et rongées, sans nez et sans yeux.

Ils tendent vers nous des mains qui n'ont plus d'ongles ou même plus de doigts et ils murmurent à voix basse des souhaits de bon voyage. « Jetez, etez vos aumônes! Ne touchez pas leurs mains, surtout! » nous crient les Pères, du seuil de leurs cloîtres, où ils sont descendus pour nous dire adieu.

Nous montons en hâte sur nos bêtes harnachées de pendeloques bédouines, impatients que nous sommes de nous ensoleiller dans la campagne, au grand air libre.

Enfin il fait beau! Alors tout change, toute la magie de l'Orient est retrouvée, et c'est un immense enchantement. Au sortir de la ville, dans les vergers délicieux où les oiseaux chantent, cela sent l'oranger, le jasmin, les roses — et autre chose encore de suave, qui ne se définit pas, mais qui est comme l'odeur même du Levant, et qui grise. Voici maintenant les cimetières, s'étageant au flanc de la montagne; suivant l'usage, une foule de femmes musulmanes y sont groupées; les bornes funéraires, toutes pareilles, debout comme des personnages blancs, ressemblent aux promeneuses, qui sont blanches aussi, drapées dans leurs voiles; et c'est, parmi des touffes de grandes feuilles lancéolées, de glaïeuls ou d'iris, à la lueur du radieux matin, une étrange et charmante confusion, où l'on ne démêle plus bien lesquelles sont les femmes et lesquelles sont les tombes.

A la poursuite des Samaritains, nous nous rendons sur le Garizim, et les montées sont raides, tantôt dans de la terre amollie par les averses, tantôt dans des zones de pierres à peine séchées. L'air a sa limpidité profonde d'après les pluies. De temps à autre, nos braves petits chevaux syriens s'arrêtent pour souffler, pour secouer leurs pendeloques de laine et de perles, puis repartent courageusement, d'un coup de reins décidé, et nous nous élevons très vite. Alors la triste Naplouse, au-dessous de nous, toujours plus abaissée, redevient peu à peu la ville de Mille et une Nuits, la ville merveilleuse aux dômes et aux minarets blancs; dans cette vallée de Jacob, où elle est assise parmi les sources jaillissantes et les jardins verts, elle est de tous côtés surplombée par de hautes montagnes en roches pâles, que garnissent surtout des aloès bleuâtres et qui prennent dans l'éloignement des teintes fines et rares.

Les sentiers sont tout piétinés par le passage des Samaritains et, autour de nous, les chacals, inquiets de ce qui se prépare d'inusité là-haut, rôdent en plein jour, marchant aplatis et sournois sous le soleil, traînant bas leur grosse queue de renard jaune. Les blancheurs de Naplouse continuent de descendre à nos yeux dans un recul profond, entre les montagnes de pierres, d'oliviers et d'aloès, dont l'ensemble est d'un bleu cendré comme celui des champs de lin en fleurs.

A quatre cents mètres environ au-dessus de la ville, et à huit cents ou neuf cents mètres au-dessus du niveau des mers, sur une cime où souffle un air vif et léger, nous trouvons enfin le campement des Samaritains: un amas de petites tentes, dans le genre des nôtres. Hommes et femmes sont dehors, se chauffant au soleil, sur le sol encore détrempé et boueux. Ils ont étendu, pour les faire sécher, leurs tapis, leurs couvertures, leurs coussins et c'est un éclatant bariolage de couleurs. Des enfants se précipitent au-devant de nous et c'est à qui tiendra nos chevaux. L'accueil est aimable et les visages souriants.

Le costume des hommes ne se distingue de celui des juifs de Palestine que par un turban rouge. Les femmes, presque toutes jolies, portent des robes en ces indiennes du Levant peinturlurées de fleurs étranges et se coiffent de petits voiles en mousseline d'où retombe par derrière, en deux tresses, la masse de leurs cheveux lourds. Le grand prêtre Jacob, notre ami d'hier, nous offre sous sa tente le café traditionnel avec le narguilhé. Au-dessus de sa couchette, nous reconnaissons l'étui de bronze incrusté d'argent qui renferme le précieux Pentateuque.

C'est dans l'après-midi, nous dit-il, qu'aura lieu le sacrifice de la Pâque — et une petite fosse est là préparée, où les sept agneaux blancs seront égorgés.

On nous presse de rester; mais un égorgement d'inoffensives bêtes ne peut que nous être pénible à voir, même s'il s'accomplit suivant les plus vieux rites mosaïques; d'ailleurs, ces Samaritains nous ont un peu déçus, par leurs allures trop modernisées, et nous allons descendre au plus tôt du Garizim, continuer notre route pour arriver demain soir à Nazareth.

Sur un plateau voisin, qui est le plus élevé de la montagne sacrée, de gigantesques et confuses ruines nous arrêtent. C'est là le vrai sommet du Garizim, qui fut pendant des millénaires, comme le sommet du Moriah, un lieu d'adorations et de massacres.

Parmi les broussailles, dorment des débris de tous les âges. Des enceintes de grandes pierres antiques sont restées debout, encore imposantes et presque indestructibles. De nombreuses fondations se superposent et s'enchevêtrent : vestiges du temple samaritain de Jéhovah, construit par Sannabalète au commencement du ve siècle avant Jésus-Christ, et détruit par Hyrcan; vestiges du temple de Jupiter qui lui succéda deux cents ans plus tard; puis de la première église chrétienne qui, sous Zénon, remplaça le sanctuaire idolâtre, mais que bientôt les Samaritains saccagèrent ; et enfin, de la basilique fortifiée que l'empereur Justinien fit élever à la même place et qui dura jusqu'à l'invasion sarrazine. Tout cela aujourd'hui sommeille ensemble, tombé, énigmatique, confondu dans un même silencieux chaos qui ne se démêlera jamais plus. En dehors de ces amas de ruines, gisent de longues dalles; sans doute les marches du colossal escalier de ce temple païen dont les moines nous ont montré hier l'image, sur des médailles de l'ancienne Neapolis.

Et il y a même de grandes « pierres debout » qui rappellent étrangement la Gaule celtique. Elles font penser à ces mystérieux passages de la Bible où Moïse semble avoir conçu nos menhirs et nos dolmens, lorsqu'il dit aux Hébreux : « Dans le pays que le Seigneur votre Dieu vous donnera, vous élèverez de *grandes pierres...* Vous dresserez là aussi au Seigneur votre Dieu un autel *de pierres, de pierres brutes*, et non polies [1]... » (Deutéronome, XXVII, 2, 5, 6.)

---

[1] C'est sur le mont Hébal que Moïse prescrit spécialement de dresser ces pierres, et le mont Hébal est en face du Garizim, de l'autre côté de Naplouse ; de là une difficulté à admettre la tradition samaritaine qui voit dans ces menhirs du Garizim les premiers monuments élevés par les Hébreux après le passage du Jourdain.

Un peu au-dessous de nous et à un millier de mètres de distance, sur une autre cime de la même montagne, s'agite le petit campement de ces Samaritains qui n'ont plus de temple; débris d'un peuple qui s'entête à durer, à travers les exterminations et les siècles, ils sont là comme ces plantes obstinées que la main de l'homme n'arrive jamais à chasser du sol par elles choisi... Ils sont du reste le seul groupe animé qui apparaisse dans nos alentours immenses. Du haut de ce grand sommet mort, nous découvrons des étendues sans fin, presque abandonnées de la vie. Toute la vallée du Jourdain se dessine au Levant; du côté du Couchant et du Sud, se déroulent les montagnes d'Ephraïm, la plaine de Saron; et, à l'extrême lointain, un vague désert bleu, qui est la Méditerranée, semble monter jusqu'à mi-ciel...

Pendant la descente rapide, dangereuse pour nos chevaux, nous croisons encore des groupes de Samaritains et de Samaritaines; tous les retardataires, que la pluie avait retenus dans leurs logis et qui se hâtent aujourd'hui de monter au Garizim pour la Pâque. Ils traînent avec eux mille choses comme s'ils comptaient longuement stationner là-haut : des provisions, des amphores, des coussins, des tapis. Et il y a de jolies jeunes femmes qui gravissent lestement les sentiers, portant au cou un enfant et, sur la tête, en équilibre, un berceau. Dans la région moins élevée où commencent les vergers et les jardins, de bons vieux Turcs à barbe blanche ont improvisé sur le passage, en l'honneur de cette Pâque, d'enfantines petites boutiques garnies de fleurs, et vendent des bonbons, préparent du café ou des narguilhés, dans des recoins exquis, près des sources jaillissantes, à l'ombre des oliviers, parmi les buissons de roses roses.

Tout à l'heure, le Passé nous inquiétait de son ombre, sur ces cimes muettes où les grandes ruines nous environnaient. Ici maintenant, autour de nous, ce n'est plus que de l'Orient contemporain, de l'Orient naïf, de l'Orient très *peuple* aussi, qui sourit et qui s'égaie dans une fantaisie de fraîches couleurs, par un matin merveilleux de printemps, au milieu de verdures nouvelles.

Au flanc de la montagne, un peu en dehors et au-dessus de la blanche ville de Naplouse, nous passons sans nous arrêter. Nous laissons sur notre gauche la route de Jaffa — la seule vraie route à peu près carrossable qui relie ce pays avec le reste du monde, et nous prenons, dans la solitaire campagne, les sentiers de chèvres qui mènent à Samarie.

Deux heures et demie durant, ces sentiers s'allongent à travers des vallées pastorales, paisibles, charmantes, où des ruisseaux courent dans une herbe fine semée d'anémones, parmi des oliviers centenaires. Dans l'arrangement même du paysage, dirait-on, réside on ne sait quel archaïsme difficile à définir.

Pas de villages, pas de passants, rien que des bergers arabes avec leurs troupeaux. Quelques champs de blé, tout fleuris de coquelicots et de bleuets; de loin en loin, quelque informe petite ruine, remontant peut-être à la nuit des premiers temps chananéens.

Près d'une source, où nous laissons boire nos chevaux, un groupe d'hommes est occupé à abattre un vieil olivier gris, avec des haches d'une forme d'autrefois. Leurs attitudes et leurs grands gestes d'effort sont d'une antique noblesse; leurs bras de bronze sortent nus de ces burnous naplousiens, dont le léger chamarrage rouge est pour rappeler la nuance vive de toutes les fleurs voisines. On croirait une scène des vieux âges, par un matin de printemps plus limpide que ceux de nos jours...

Les Arabes empruntent partout à la nature ambiante le coloris de leurs costumes. Au désert d'où nous venons, on s'habille en teintes neutres, en grisâtre, en brun cendré de pierre et de sable. Dès l'entrée en Palestine, dès le moment où les fleurs commencent, les robes des hommes se colorent avec une diversité infinie. Et, ici, sur les « burnous de Naplouse », ces dessins rouges qui s'ajoutent aux habituelles grandes raies noires et blanches des manteaux syriens, il faut les attribuer sans doute à la présence, dans les champs alentour, de tant de coquelicots et d'anémones.

Je ne me rappelle rien de si mélancolique nulle part que l'apparition silencieuse de Samarie, vers midi, au grand soleil morne.

Malgré notre habitude déjà acquise de ne rencontrer que des ruines, avec ce nom de Samarie, nous attendions quelque chose ressemblant encore à une ville. Et c'est, là-bas, sur une colline couverte de vieux oliviers et d'épais cactus, un hameau perdu ; au pied d'un pauvre petit minaret blanc, c'est une dizaine de cubes grisâtres, de sauvages maisonnettes arabes, qui semblent tout envahies, toutes mangées par la verdure.

Partout alentour, de plus hautes montagnes, couvertes de halliers et de pierres, dominent, surplombent, enferment tristement cette colline où fut Samarie ; il n'y a même pas de route pour mener là ; aucun être vivant n'apparait aux abords — et le petit minaret blanc qui regarde la campagne ne voit autour de lui qu'un désert de roches et de broussailles. C'est comme un rêve de la fin des temps, cela fait songer à ces époques conjecturées où, après l'épuisement des races, la nature verte lentement s'étendra pour recréer ses forêts primitives.

Devant le hameau solitaire d'aujourd'hui, il est étrange de se rappeler la longue histoire de cette ville, fondée il y a trois mille ans pour être la capitale du royaume d'Israël; ruinée deux cents ans après par Salmanazar, qui emmena en captivité ses habitants et les remplaça par des idolâtres des pays de Couth ou de Babel, pères des Samaritains du Garizim; ruinée encore quatre siècles plus tard (l'an 331 avant Jésus-Christ) par Alexandre le Grand, qui substitua à ses habitants massacrés une colonie macédonienne; rebâtie, sous le nom de Sébastieh, par Hérode, qui la fit coloniser à nouveau par six mille vétérans des armées de Rome; vivante encore aux premiers siècles chrétiens et envoyant des évêques aux anciens conciles; florissante sous le nom de Sabast à l'époque des croisades, gouvernée alors par un vicomte français et possédant une cour de bourgeoisie; — et puis, éteinte sans que l'histoire sache comment, après le retour des Sarrazins, anéantie et oubliée, sous l'invasion progressive des herbes, des cactus et des buissons d'épines.

De gais ruisseaux, des sources claires coupent le

sentier envahi de grands chardons et de nopals qui monte à Samarie. Et l'impression de tristesse s'accentue lorsqu'on approche; il semble que le rayonnement du soleil, le luxe des fleurs et des herbes, la profusion des anémones rouges ajoutent encore à l'irrémédiable désolation de ce lieu.

Le village cependant est plus étendu qu'il ne le paraissait à distance; parmi les cactus, parmi les éboulements et les débris, restent une cinquantaine de maisonnettes cubiques, construites avec des fragments de temples ou de palais, et dont les toits en pierre sont recouverts d'herbes comme de petites prairies. Auprès des ruines encore belles, qui entourent le vieux minaret blanc et qui sont un confus mélange d'églises et de mosquées, une sorte de petite place sert de forum aux gens de Samarie. Plusieurs hommes, drapés du « burnous de Naplouse » et coiffés de la très large couronne en laine noire, se tiennent là immobiles, assis sur des pierres, dans le sombre farniente habituel, rêvant au soleil ou à l'ombre, tandis qu'autour d'eux la destruction des antiques choses continue silencieusement de s'accomplir. Ils nous disent le bonjour arabe, et leurs beaux yeux lourds, enténébrés d'obscurité séculaire, suivent nos mouvements avec une distraite curiosité.

Avant de descendre de cheval, nous voulons parcourir toute cette colline que jadis recouvrait la ville. Vers l'Ouest, nous éloignant de la partie à peu près habitée, nous suivons, au milieu de champs de blé et de vergers d'oliviers, un chemin de chaque côté duquel apparaissent des colonnes antiques — d'abord couchées dans l'herbe, puis bientôt debout, toujours plus nombreuses, finissant par former une double ligne étrangement solennelle au milieu de la paisible campagne fleurie. Leur base plonge aujourd'hui dans la profondeur du sol, qui s'est exhaussé de plusieurs pieds depuis tantôt deux mille ans qu'elles sont là; monolithes trop lourds que les indolents envahisseurs n'ont pas pris la peine d'enlever, elles demeurent seules, après l'anéantissement de tout le reste. Elles disent encore la grandeur de Samarie; elles commandent le respect et le silence; — et on dirait qu'elles se souviennent d'avoir vu passer le Christ, en ces temps si vieux où elles bordaient une voie droite et magnifique, au milieu d'une ville que nous ne nous représentons pas. Elles sont d'un gris presque noir, tachées de lichen, brisées à différentes hauteurs et découronnées toutes de leurs chapiteaux sculptés. Nous les suivons jusqu'à un amas de ruines et de tronçons renversés, qui dut être jadis quelque « Entrée triomphale » de la Sébastieh Hérodienne.

Ailleurs et plus haut, notre guide nous conduit à

une sorte d'esplanade où se voient encore de grandes colonnes à moitié enfouies dans la terre, et qui semble être le lieu où Achab et Jézabel avaient élevé leur temple à Baal. Puis, nous nous dirigeons de nouveau vers le minaret blanc, pour faire la halte et le repas du milieu du jour, à l'ombre, dans la cour de la mosquée. Et, quand nous sommes assis dans cette cour où croît un grand palmier solitaire, le cheikh du village vient nous souhaiter la bienvenue, tous les hommes de Samarie s'approchent peu à peu, nous entourent pour causer, pour nous vendre des médailles, des vases, des cornalines gravées, des débris trouvés dans des tombeaux.

C'était jadis l'église de Saint-Jean-Baptiste, cette mosquée, — une église magnifiquement construite par les Croisés francs, vers la fin du xiie siècle, sur l'emplacement de la plus ancienne basilique byzantine qui avait d'abord recouvert la sépulture de l'Annonciateur du Christ, violée par Julien l'Apostat.

Les musulmans entretiennent avec des soins pieux le souterrain où le corps de saint Jean-Baptiste reposait à côté de celui du prophète Élisée, et nous y descendons, suivis du cheikh de Samarie. Quant à l'église, aujourd'hui consacrée au culte d'Allah, il n'en reste plus qu'une triste abside qui est intérieurement peinte à la chaux blanche et ornée des vieux drapeaux verts de Mahomet ; malgré le soleil qui y tombe à flots, malgré les oiseaux qui chantent sur le toit, on y sent, comme au-dessus de toute cette Judée, lourdement planer la mort.

Quatre heures de marche pour atteindre Djéninn — (au dire de notre guide, mauvaise et intolérante ville) — près de laquelle nous voulons camper ce soir.

C'est d'abord, pendant une heure environ, une promenade à l'ombre, à travers des bois d'oliviers et de figuiers.

Puis, un farouche village se présente, flanqué de bastions, au sommet d'une colline rocheuse toute creusée de cavernes et de sépulcres : Sânour, qui fut peut-être l'antique Béthulie. Et, après ce Sânour, nous finissons la journée dans un pays sans arbres, dans un monotone désert de foins et de fleurs. Les vallées, les coteaux se succèdent, couverts d'un même tapis d'herbages; sur le soir, dans les petits sentiers presque effacés où nous cheminons, de hauts chardons violets montent jusqu'au poitrail de nos chevaux ; il nous semble presque nous être trompés de direction, nous être enfoncés dans un pays par trop solitaire et sauvage, quand tout à coup Djéninn se démasque devant nous, sans que rien l'ait annoncé,

— comme il arrive dans cet Orient où les villes n'ont pas de route qui les relie au reste du monde, et vivent isolées sans déranger la tranquillité de leurs alentours.

Et Djéninn — l'antique En-Ganim, ville de la tribu d'Issachar échue en partage aux Lévites (Josué, xxi, 29) — Djéninn, à cette heure du soir, est charmante, ainsi dorée par le soleil couchant, au milieu de tout ce pays d'herbes, où les vallons, les montagnes semblent uniformément recouverts avec des peluches et des velours. Assise à l'entrée de la plaine d'Esdrelon, qui s'étend derrière elle comme une mer verte, elle est un groupe de coupoles blanches et de minarets blancs, d'où s'élancent quelques tiges de sveltes palmiers; absolument orientale, avec ses toits de pierre et ses maisons en terrasse, elle a, par exception, une apparence neuve et on n'aperçoit point de ruines encombrant ses abords. — Très jolie, cette Djéninn, et ne semblant pas la ville inhospitalière qu'elle a la réputation d'être; un peu mystérieuse seulement, à cause de son calme, à cause de son isolement parmi ces tapis d'herbes et de fleurs qui paraissent n'avoir même pas été foulés.

Sans y entrer, nous la contournons par un sentier de chardons et de folles avoines; il n'en sort aucun bruit; cependant, à la minute précise où le soleil s'abîme derrière la plaine d'Esdrelon, dans la mer des herbages, la haute clameur des muezzins s'épand tout à coup dans l'air, traîne longuement et s'éteint.

A l'Ouest, un peu à l'écart de la ville et regardant la vaste plaine, notre camp dressé nous attendait depuis plusieurs heures, nos muletiers ayant eu le temps de prendre l'avance pendant notre ascension du matin au Garizim.

C'est au milieu de champs de blés touffus, mêlés de coquelicots et de bleuets. Une fraîcheur pénétrante, qui est presque du vrai froid, monte, avec le soir, de la terre encore mouillée, tandis que, du fond de tous les lointains d'herbes et de fleurs, des rainettes, des grenouilles, des hibous, des chacals, entonnent l'hymne de la nuit. Une grande pleine lune d'argent surgit, s'élève dans le ciel. Et, aux heures consacrés, des muezzins à voix délicieuse modulent, avec une infinie tristesse, le nom d'Allah...

IV

Vendredi 20 avril.

Quand notre camp s'éveille, au milieu de ses blés et de ses coquelicots, c'est le lever du jour, l'heure du premier appel sonore des muezzins, l'heure de la sortie des bergers. Près de nous, derrière des haies de cactus et des murailles, apparaissent les minarets et les petites coupoles de cette Djéninn, que nous allons quitter sans avoir même pénétré dans ses rues.

Par milliers, des chèvres et des chevreaux sortent de la ville, l'allure lente et en bêlant, si serrés les uns aux autres qu'on dirait un fleuve s'épandant sur la campagne ; dans le flot uniformément noir des bêtes, se dresse de distance en distance la stature longue d'un berger, en robe bleue ou jaune, ou rose, la tête couverte d'un voile que maintient une très large couronne de laine.

Ici, est l'entrée de la Galilée, et nous dormirons ce soir à Nazareth, qui doit nous être caché dans les replis de ces imprécises montagnes, là-bas au delà des nappes vertes de la plaine d'Esdrelon.

D'abord, il nous faut donc traverser cette plaine si unie, déroulée devant nous à n'en plus finir. Pendant cinq heures d'affilée, au pas ou au galop, nous nous avançons à travers des orges et des blés, véritables champs de la Terre Promise, voyant peu à peu se rapprocher les montagnes du fond, qui semblent être l'autre rivage de cette mer verte. Des Arabes croisent notre chemin, les uns à pied, les autres sur des ânes ou sur des chevaux ; ils disent : « Naraksaï ! » s'ils nous prennent pour des chrétiens ; le plus souvent : « Salam Aleikoum ! » nous prenant pour des musulmans.

De loin en loin, sur des petites hauteurs qui émergent de l'étendue unie, comme des îlots, habitent les laboureurs de ces terres si fertiles. Autant que possible, ils ont perché ainsi leurs vieilles maisonnettes à coupoles, dont les murs extérieurs se tiennent les uns aux autres de façon à former rempart, et que protègent en outre des haies de cactus ; dans l'arrangement de chaque groupe, s'indiquent les méfiances séculaires, la continuelle nécessité de se défendre contre les incursions des Bédouins voisins. Tous pareils, ces villages. A l'entrée, toujours des femmes et des filles au lavoir ; en général aussi, quelque sarcophage chrétien des premiers siècles, violé, la croix grattée, servant de timbre pour l'eau du bétail. Et partout aux abords, donnant à ces nids humains l'aspect des repaires de fauves, traînent de fétides carcasses de chevaux ou de chameaux, autour desquelles chaque nuit s'assemblent les chacals.

Puis, le village passé, la mer des blés et des orges semble très vite l'engloutir, à mesure qu'il s'abaisse dans le lointain ; la plaine recommence, monotone, étale au gré du vent et du soleil ses reflets verts, ses luisants de peluche.

Beaucoup de jeunes femmes sont à travailler dans ces champs immenses ; enfouies jusqu'à mi-jambe parmi les épis serrés, elles arrachent les mauvaises herbes, — qui sont des coquelicots, des bleuets, des pâquerettes ; dans leurs beaux bras, nus jusqu'aux épaules, elles tiennent toutes des gerbes de ces fleurs : non voilées, ici, en rase campagne, elles nous laissent regarder leurs traits et leurs longs yeux de naïveté sombre ; de légers tatouages bleus ornent le front de quelques-unes et des boucles de cheveux noirs s'échappent des mouchoirs de mousseline qui les coiffent à l'antique. Avec leurs énormes bouquets à l'épaule, quand elles se redressent pour nous voir passer, si naturellement nobles de lignes et d'attitude, on dirait les anciennes déesses des moissons ou de la terre, — des Cérès, des Cybèle.

> Monts de Gilboë, que jamais sur vous ne tombent ni pluies ni rosées... parce que c'est là qu'a été jeté le bouclier des vaillants d'Israël.
> (II Rois, I, 21.)

Une montagne que nous avons laissée, à droite de notre route, sur la rive sud de cette mer d'herbages, est le Gilboë, contre lequel David composa ce chant de malédiction. Là, après la défaite d'Israël, Saül se transperça le corps de sa lance et les Philistins lui enlevèrent ses armes pour les suspendre dans le temple d'Astaroth (I Rois, XXI, 4, 10).

Nous apercevons une réunion de tristes masures, un hameau sur ce Gilboë: c'est Zehrin, l'antique Jezraël, où deux cents ans après la mort de Saül, au IXe siècle avant Jésus-Christ, s'élevait le palais du roi Achab. Et, comme il y a sur terre de persistantes et presque indestructibles petites choses, des vignes — les seules du pays environnant — croissent encore au penchant de la montagne, là même où devait se trouver, il y a près de trois mille ans, la vigne de Naboth convoitée par Jézabel (III Rois, XXI).

Ici comme ailleurs, comme partout en Palestine, ville et palais sont retournés à la poussière ; disparues aussi, les forêts qui jadis couvraient les cimes de Gilboë; tout s'est changé en un mélancolique désert de broussailles et d'herbes, où seule la vigne de Naboth a laissé trace. Mais le printemps et la lumière sont demeurés les mêmes; les tranquilles céréales, un peu plus envahissantes peut-être à présent qu'aux époques où abondaient ici les hommes, germent aux mêmes saisons et aux mêmes places. Et sans doute, malgré les invasions, malgré les croisements, les belles filles qui ramassent aujourd'hui des coquelicots parmi les blés ressemblent à celles d'autrefois, dans leurs gestes et leurs poses; ont la même beauté brune et les mêmes regards.

Sous ces infinies nappes vertes, la terre doit être toute mêlée de débris de guerriers et d'armes, car cette plaine n'a cessé d'être le grand champ de bataille de la Palestine, depuis les Hébreux jusqu'aux Croisés, depuis les Amalékites jusqu'aux Sarrazins et aux Bédouins, leurs continuateurs pareils. A toutes les époques, elle a entendu des clameurs de guerre, des galops de cavalerie, des chocs d'armures. Et, comme si elle n'avait pas encore été assez piétinée au cours des vieux âges, Bonaparte aussi, incidemment, y est apparu; à l'époque où son premier rêve, son vague rêve d'empire oriental, commençait à s'irréaliser sous les murs imprenables de Saint-Jean-d'Acre, on l'a vu passer, lui aussi, dans la plaine d'Esdrelon, très vite, juste le temps d'y mettre en déroute une armée et de la coucher dans les herbes ; son souvenir en ce moment nous revient, car voici que se lève au-dessus des blés et des orges ce village de El-Affouleh sur lequel, à l'improviste, il s'abattit des hauteurs de Nazareth, un matin d'avril, pour dégager Junot et Kléber qui faiblissaient devant la grande armée turque.

El-Affouleh est semblable aux autres villages de la plaine ; ses masures sont dans le même délabrement et se groupent derrière des haies de cactus avec les mêmes poses de méfiance. A l'entrée, quelques femmes, les bras nus dans l'eau, tordent des linges au lavoir ; des petits ânes et des petits veaux jouent ensemble, très comiques, se poursuivent, courent sur la terre grasse et noire, semée de détritus, de carcasses de bêtes, de crânes et de vertèbres. De tout ce repaire, s'exhale une sauvage odeur humaine, plus sensible après le bon air qui passait sur les orges désertes.

Les milliers de morts que Bonaparte laissa ici dans les champs d'alentour n'ont pas de pierres pour marquer leur souvenir et, depuis cent années bientôt, les Arabes, en labourant, ont dû bien des fois retourner leur cendre. Nous cheminons recueillis sur cet ossuaire, au milieu de la magnificence des moissons, dans le silence et dans la lumière de midi.

Très loin, sur l'une des montagnes à droite de notre route, apparaît le triste hameau de Naïn, reste de cette ville où Jésus ressuscita le fils unique de la veuve (Luc, VII).

Et, derrière Naïn, il y a Endoûr, — l'Endor de la Pythonisse et de Saül.

C'est étrange, cette persistance des noms bibliques à travers les siècles. Étrange aussi, cette ténacité des hommes à habiter aux mêmes places : presque partout en Palestine, ils continuent obstinément de bâtir des hameaux sur les lieux où, avant le dépeuplement du pays, s'étendaient des villes.

Bientôt nous atteindrons le bout de la vaste plaine ; les coteaux pierreux où se cache Nazareth sont tout proches. Une montagne maintenant va passer près de nous, une montagne presque isolée des chaînes voisines et dont la forme nous rappelle quelque chose de déjà remarqué dans des tableaux ou des images : le mont Thabor.

L'antique mont Thabor, en cet infime et furtif instant de notre passage, se dresse à nos yeux contre le soleil, dans un clair ciel bleu très pur, où courent des nuages comme des parcelles de ouate blanche ; son aspect ne justifie pas les comparaisons du roi psalmiste, ni celles de Jérémie qui, pour exalter la grandeur terrifiante de Nabuchodonosor, dit au peuple d'Israël qu'il apparaîtra « comme le Thabor, entre les montagnes » (Jérémie, XLVI, 18). Il ne dépasse pas les cimes voisines ; cependant, sa forme très spéciale, sa rondeur de sphère est bien pour frapper l'imagination comme une chose inusitée ; des stries rocheuses dessinent sur toute sa surface des hachures obliques et il est moucheté de taches noires — qui doivent être des arbres à feuillage sombre, chênes verts ou térébinthes. Dans son ensemble, il est d'une teinte fine et douce, d'un gris perle très léger et comme vaporeux.

A ses pieds, les orges magnifiques, qu'un peu de vent agite et froisse, ont sous le soleil des luisants d'herbes argentées.

Et l'Orient s'indique ici par une lente caravane qui défile entre la montagne et nous : grandes bêtes à l'allure calme, au cou longuement tendu, frôlant sans bruit les moissons vertes.

Au sommet du Thabor, en regardant bien, nous distinguons, même de si bas et de si loin, des traces de constructions humaines. Tant de choses se sont passées là-haut, sur cette cime ronde qui, aux temps antiques, était couverte de maisons et de forteresses ! Elle a vu de grandes batailles, déjà commencées par Baruk à l'époque de la prophétesse Déborah. Puis, aux premiers siècles chrétiens, elle est devenue un lieu d'adoration, et des églises byzantines s'y sont élevées, quand Eusèbe et saint Jérôme, contrairement au témoignage des Évangiles, l'eurent désignée comme le lieu de la Transfiguration du Christ. Pendant les Croisades, on s'y battit encore : la citadelle, l'église et l'abbaye de Tancrède y furent prises et reprises par les Francs et les Sarrazins, et le grand Saladin en personne y monta par deux fois. — Depuis le xiiie siècle, elle était restée déserte et, de nos jours seulement, des Franciscains de Nazareth y ont construit un petit monastère, parmi tant de ruines amoncelées.

Les plantes et les bêtes, c'est encore ce qui change le moins au cours des âges. Ce Thabor est habité par de nombreuses familles de sangliers, nous dit notre guide arabe, et il est surtout rempli de perdrix, de toute sorte de gibier à plume — absolument comme, il y a bientôt trois mille ans, au siècle du prophète Osée, qui parle « des filets que l'on tendait là pour prendre les oiseaux » (Osée, v. 1).

Elle disparaît bientôt à nos yeux, la vénérable

montagne, quand nous nous engageons dans ces coteaux où nous devons trouver Nazareth.

Nos chevaux, sortis enfin des terres grasses et mouillées d'Esdrelon où s'enfonçaient leurs pieds, trottent maintenant sur des pentes rocheuses, embaumées de menthes et de toutes sortes d'aromates. Sur ce sol changé, des plantes différentes nous entourent, des plantes nouvelles : de beaux lins roses à corolles très larges et une fleur dont le jaune soufre rappelle la teinte de nos pâles primevères occidentales. — Pendant bien des jours nous allons vivre à présent au milieu de ces fleurs-là, qui étendent sur les tristes champs abandonnés de Gàlil un tapis immense, nuancé à l'infini du même jaune et du même rose...

Il y a une demi-heure environ que nos chevaux montent, lorsque Nazareth, encore un peu lointaine, se découvre à nous. Une bourgade mélancolique, étagée à mi-côte et enfermée, presque sans vue, dominée de partout par des hauteurs pierreuses. Des monastères, des églises, des cyprès; sur les maisons, beaucoup plus de toitures en tuiles rouges que de terrasses arabes, Nazareth, contrairement à Djéninn, étant surtout peuplée de chrétiens. La plaine d'Esdrelon, la mer d'herbages que nous avons laissée au-dessous de nous, pénètre jusqu'ici comme dans

3.

une sorte de petit golfe fermé, vient étendre aux pieds de cette patrie de Jésus une immobile nappe verte. Et, depuis des siècles, c'est tout ce que regarde l'antique Nazareth, ces bas-fonds tapissés d'orges, ces champs resserrés entre d'arides collines.

Au bord du chemin, un rocher s'avance comme un toit, forme une sorte de petite caverne qui, depuis des temps incalculables probablement, sert aux passants d'abri contre la pluie ou le soleil; la voûte en est toute noircie par les feux des bergers. Nous nous arrêtons là, nous aussi, pour y prendre, à l'ombre, le dîner du milieu du jour, en attendant que passent nos mulets de charge, attardés dans les terres molles de la plaine. Et, sitôt que nos tapis d'Orient sont étendus sur le sol de la grotte, cela devient un charmant lieu de repos et de songe; les contours de l'espèce de baie de pierre sont tout lisérés d'anémones rouges qui, vues de l'ombre où nous sommes, éclatent au soleil comme du feu; et, par cette ouverture bordée de fleurs, nous dominons un pays de fleurs, des lointains de fleurs ; un revêtement de lin rose est jeté sur les tranquilles montagnes qui s'étendent devant nous, immuables depuis les âges historiques — et jadis sans doute longuement contemplées par Jésus...

Nos mulets tardent deux heures — deux heures

exquises que nous passons là à les attendre, errant au hasard, nous asseyant sur des pierres, nous étendant sur des lits d'herbes, aux environs de la grotte où notre quartier général est établi. Des roches nous cachent à peu près Nazareth, qui demeure assez lointaine, assez imprécise encore, et auréolée à distance de toute la magie de son nom. Rien que le paysage seul, le paysage presque éternel, qui fut familier à l'enfance du Christ...

Au fond de ce golfe sans eau, que Nazareth regarde si tristement, le velours uni des blés et des orges est d'un vert intense. Mais partout ailleurs, sur les régions hautes d'alentour, une même teinte discrète est répandue; des affleurements de pierrailles grises alternent avec les plantes délicates des lieux secs : lins roses, ou fleurs pâles couleur de soufre, au-dessus desquelles des myriades de très fines graminées jettent comme un immense voile de mousseline. Et pas un arbre ne vient rompre la monotonie de ces plans de montagnes, qui n'ont du reste aucune forme heurtée, dont les courbes sont adoucies comme les nuances. Au delà des nappes vertes qui simulent à nos pieds une eau profonde, sur le versant de la baie opposé au nôtre, paissent des troupeaux de chèvres : lentes traînées noires — dirait-on d'où nous sommes — qui se déplacent en ondulant, qui peu à peu descendent toutes, comme si elles coulaient, vers les orges d'en bas. De temps à autre, les bergers les appellent et nous entendons au loin l'écho prolongé de leurs cris ; ou bien ils jouent du pipeau, et alors une petite ritournelle sauvage, un petit turlututu naïvement plaintif monte jusqu'à nous, au milieu du silence de ce lieu presque saint. Le Thabor élève là-bas sa cime un peu bleuie par la distance et, à l'extrême horizon, s'esquissent les monts de Galaad. L'air est suave et léger. De tout petits souffles passent, sans froid et sans chaleur, idéalement purs...

Et c'est en ce recoin pastoral de la terre que Jésus, il y aura tantôt deux mille ans, « croissait en sagesse, en âge et en grâce, devant Dieu et devant les hommes ». Il a connu le printemps d'ici, les tièdes avrils pareils à celui qui nous charme à cette heure, les mêmes tapis de lin rose et de fines graminées. Notre pensée, en ce moment et en ce lieu, est hantée par le mystère de sa rêveuse enfance — mystère encore plus fermé peut-être à notre pénétration humaine que celui de sa vie d'homme, dont un reflet au moins a été transmis jusqu'à nous par les évangélistes. De cette enfance insondable, saint Luc est le seul qui nous ait dit quelques mots vagues, comme osant à peine en effleurer l'énigme ; après avoir conté l'étrange anecdote du temple de Jérusalem, la fuite de ce petit Jésus de douze ans pour aller interroger les docteurs, puis l'inquiétude et les reproches tendres de sa mère, il ajoute, adorablement simple : « Il s'en alla ensuite avec ses parents, et revint à Nazareth ; *et il leur était soumis. Or, sa mère conservait dans son cœur toutes ces choses.* » (Luc, ii, 51, 52.)

En esprit, nous voyons maintenant apparaître, se préciser sur ce vieux immuable sol de pierres et de fleurs, un enfant... non plus blond et rose comme celui dont le moyen âge nous a légué la tradition, mais brun et pâle, ayant les longs yeux noirs de sa race, dans lesquels déjà se mêlent et resplendissent ensemble le grand amour et la grande angoisse... Il différait peu, sans doute, cet enfant qui fut le Christ, de ces petits pâtres, de ces petits garçons solitaires au regard grave, comme on en rencontre dans les champs de Palestine et qui semblent réfléchir à des choses profondes. Presque avec l'inquiétude d'être puérils, ou même d'être profanateurs, nous songeons à ce qu'étaient son aspect, ses humbles petits costumes et ses jeux, ses promenades — et ses haltes ici-même peut-être, au bord du chemin de Jérusalem, sous ces rochers qui nous abritaient tout à l'heure.

La lumière du ciel, à mesure que le jour s'avance, va de plus en plus s'adoucissant. Un soleil atténué éclaire les tranquilles montagnes sur lesquelles tant de lins roses et de fleurs jaune pâle tracent à l'infini leurs marbrures de deux teintes exquises, fondues sous le voile roux des graminées. Et il y a un tel recueillement partout, en nous-mêmes comme dans le temple immense de la campagne, que, sur la fin de nos heures d'attente, la petite ritournelle antique des chalumeaux de bergers, toujours intermittente et grêle dans l'air silencieux, arrive à nous sembler une musique religieuse...

Quand nos mulets sont enfin passés et ont pris assez d'avance pour que nous espérions trouver en y arrivant nos tentes montées, nous nous décidons à entrer à Nazareth.

Et là, c'est d'abord la déception dont nous avions peur. Une petite ville semi-orientale, trop modernisée, où les couvents, les églises ont à peine l'air ancien. Nous y pénétrons par une rue assez large, qui sépare le quartier des latins de celui des musulmans ; sur les murs de quelques maisonnettes, à contrevents bleus ou verts, se lisent des enseignes d'hôtellerie ; une caravane est là arrêtée, et il y a même deux ou trois attelages de touristes, venus par la route à peu près possible qui relie Nazareth à Khaïfa : c'était imprévu, ces voitures, pour nous qui arrivions à travers champs, par les vénérables chemins de Sichem et de Béthel — familiers à l'enfance de Jésus lors de ses pèlerinages annuels à Jérusalem.

D'ailleurs, il doit rester ici bien peu de chose de la bourgade de jadis qui fut si hostile au Christ et qui, en son temps, était si dédaignée. Son nom seul demeure, ce nom qui est pour les Arabes d'aujourd'hui un terme général de mépris servant à désigner les chrétiens... « Nazaréen ! » dans le sombre Moghreb, je me rappelle avoir été souvent nommé ainsi, et avec quelle nuance hautaine !

Après le Christ, Nazareth, comme on sait, continua d'être obscure jusqu'à l'époque de Constantin, où elle vit les premiers pèlerinages et les premières églises. Plus tard, pendant la longue tourmente des croisades, elle reçut Tancrède, Saladin, puis Saint Louis ; détruite enfin à la chute de l'empire des Francs, elle fut déserte pendant près de quatre siècles, jusqu'aux époques plus tolérantes où les musulmans commencèrent à permettre aux chrétiens d'y revenir et d'y relever les ruines de leurs sanctuaires. Elle est actuellement peuplée de huit ou dix mille âmes, dont les deux tiers au moins appartiennent aux diverses confessions chrétiennes ; mais les juifs, en mémoire du forfait ancestral, ont interdiction d'y paraître.

Nous entrons en passant dans l'église Franciscaine, agrandie et réparée à neuf avec un mauvais goût notoire, sur l'emplacement de la basilique primitive. Derrière l'autel, de tristes petits souterrains, assez semblables aujourd'hui à des chambres sépulcrales, sont adorés depuis des siècles comme ayant été la maison de Joseph et de Marie.

Ailleurs, dans le quartier musulman, un débris de mur sous une chapelle représente l'atelier de Saint Joseph...

Tout cela, bien qu'authentique peut-être, est défiguré, ne dit plus rien. Et nous laissons d'autres lieux encore, que des traditions plus contestables désignent à la piété des foules. Il nous tarde d'être à demain, pour voir enfin les bords déserts de ce lac de Gennezareth, qui fut la patrie d'adoption de Jésus, l'ardent et mystérieux berceau de l'épopée chrétienne...

Le long de la petite rue poudreuse que nous continuons de suivre après ces arrêts aux églises, s'ouvrent surtout des boutiques de sellerie, où l'on vend des harnais gaîment peinturlurés dans le goût oriental. Au-dessus des murs bas des jardins, apparaissent des figuiers, des grenadiers, des palmiers que des vignes enlacent. Pas de rues obscures et voûtées, pas de farouches grillages aux fenêtres, comme dans les vieilles villes de l'Islam. Les rares passants, vêtus de longues robes et coiffés de fez rouges, ont la figure jolie, l'air très doux, le sourire ouvert. Nazareth, en somme, malgré la banalité de ses petits monuments et de ses rues, a je ne sais quel attrait accueillant et bon, qui nous repose du grand charme morne des villes musulmanes.

Notre campement est au-dessus du quartier des Grecs, au bord de la route de Tibériade et au milieu des vergers enclos de cactus, sur un sol couvert de graminées courtes, sur un terrain sec, très propice aux nomades. Nous dominons là les tranquilles maisonnettes et les jardins verts, les couvents et les cyprès ; alentour et au loin, se déploient les montagnes unies et pareilles sous leurs minces tapis de fleurs... Et le délicieux soir descend sur nous, le crépuscule commence, à la fois limpide et indécis, fondant comme avec une estompe les détails transitoires de la terre, n'en laissant que les grandes lignes immuables. L'instant présent, le siècle autant que l'heure, nous semblent bientôt perdus dans une sorte de vague synthèse des durées — comme en doivent concevoir ces choses quasi-éternelles qui sont les montagnes, les roches, les pierres des temples antiques, ou les souches des plantes renouvelées indéfiniment... Et, dans cette fusion des âges, alors, c'est l'époque du Grand Souvenir qui s'impose et qui prime ; le Christ peu à peu nous réapparaît, comme tantôt dans les champs de fleurs jaune pâle et de lin rose ; de nouveau il se précise humainement aux yeux de notre esprit attentif.

Souvent, dans ses rêveries des soirs, il a dû se tenir ici, sur ces hauteurs couronnant sa bourgade isolée, et contempler ces mêmes horizons, promener longuement sa vue sur ces mêmes aspects... Les aima-t-il ? Est-ce qu'il y eut place pour l'attachement humain au sol natal, dans son âme emplie de conceptions tellement plus vastes que nos idées de patrie qui nous paraissent grandes ?... La Nazareth de son temps, qui fut pour lui aveuglément dure, parce qu'il était un enfant du pays, et qui le chassa, sans doute il ne pouvait pas s'y être attaché, — mais à ces montagnes peut-être, à ces mélancoliques étendues, veloutées d'herbe et de lin...

D'ailleurs, le mystère des sentiments terrestres de Jésus demeure enseveli pour nous sous des cendres profondes et, parce qu'il nous a embrassés tous dans le même immense amour et la même infinie pitié, nous ne savons pas nous le représenter particularisant, comme chacun de nous, son affection sur des êtres ou sur des choses. Ses parents, il est vrai, et ses frères semblent l'avoir d'abord méconnu, comme toujours il arrive, et n'être revenus à lui qu'à la suite de l'adoration des multitudes étrangères. Mais l'amitié, l'amitié telle que les plus simples d'entre nous la comprennent, lui était habituelle, car souvent dans l'Évangile, cette phrase douce est répétée : « le disciple que Jésus aimait ».

Nous savons aussi qu'il recherchait le calme des campagnes, qu'il allait se recueillir et prier sur les cimes solitaires; alors, comment ne se serait-il pas attaché à celles d'ici — qui en ce moment même s'assombrissent de tous côtés sous nos yeux. Lui, il est vrai, qui entrevoyait au delà de sa durée terrestre des survivances et des gloires infinies, ne pouvait éprouver notre mélancolique et presque maladif amour pour le recoin natal, pour les lieux toujours connus ou habités longuement — car cet amour-là n'est qu'une forme du sentiment de notre fragilité, une suite de la détresse où nous jette la loi de passer si vite et de finir. Mais, qui sait pourtant?... Au Gethsémané, sur le Golgotha, quand vint l'heure d'épouvante où tout ce qui était humain en lui s'angoissa devant l'anéantissement prochain, peut-être revit-il, dans sa rêverie dernière — comme eût fait le moindre d'entre nous — les montagnes familières à son enfance, le triste golfe d'herbages au bord de la plaine d'Esdrelon, et les hauts pâturages tranquilles, où s'entendait, pendant les soirs d'autrefois comme aujourd'hui, le rappel des chèvres au chalumeau des bergers — toutes les choses enfin que nous contemplons là devant nous, de plus en plus obscurcies, réduites à des silhouettes d'ombre, et sans âge à présent, pareilles à ce qu'elles devaient être il y a deux mille années...

La nuit tout à fait tombée, quand nous sommes assis sous nos tentes, des Nazaréens et des Nazaréennes arrivent, les uns après les autres, soulevant discrètement notre porte de toile après avoir demandé la permission d'entrer. Les hommes, pour nous vendre des vases de verre irrisé trouvés dans des tombeaux ; les femmes, toutes jolies, pour nous offrir des petits voiles de mousseline, brodés par elles d'après des traditions de dessin particulières à ce pays. Ils sont chrétiens, les vendeurs et les vendeuses, et il y a dans leurs manières je ne sais quoi d'aimable, de franc, de presque fraternel, pourrait-on dire, qui nous change des continuels marchandages et duperies, chez les juifs des bazars levantins.

Cependant une clarté de plus en plus blanche resplendit au dehors, et nous sortons pour voir un peu, avant de nous endormir, la grande pleine lune éclairer la campagne. Elle est toute en argent et rayonne avec une tranquillité infinie... Une fois de plus, elle est venue, avec sa régularité d'horloge, apporter à ce pays cet éclat périodique très spécial, cet aspect à la fois vague et étrangement précis, qui, au temps du Christ, était déjà connu des hommes depuis des millénaires sans nombre... De Nazareth, endormie à nos pieds, monte vers nous la clameur des chiens errants, qui est le bruit continuel des nuits dans les villes de l'Orient. Mais nous n'entendons pas chanter les muezzins, car nous sommes ici sur une terre presque chrétienne...

V

Samedi 21 avril.

L'angélus matinal, les cloches, non plus les muezzins, nous éveillent ici, et, pendant que nos mulets prennent l'avance sur la route de Tibériade, nous descendons vers Nazareth, à la recherche d'un menuisier qui sache nous faire une caisse, pour des vases antiques achetés aux marchands d'hier au soir.

Le long des rues étroites du quartier arabe, dans ces maisonnettes en forme de cube qui n'ont pas dû changer depuis l'époque du Christ, il y en a plusieurs, de ces petits ouvriers, qui travaillent devant leur porte, au chant des hirondelles, dans la gaîté du lumineux matin oriental ; ils construisent surtout des charrues, d'un style très ancien, et leurs poses mêmes sont archaïques : la jambe tendue, ils maintiennent avec les doigts de leurs pieds nus la pièce de bois qu'ils taillent... L'atelier de Saint Joseph ressemblait certainement aux leurs...

C'est ensuite près de la Fontaine de la Vierge que nous montons à cheval, à l'heure encore fraîche où les femmes de Nazareth y sont assemblées pour puiser l'eau du jour. Comme cette même et unique fontaine alimente la ville depuis les plus vieux âges, il est probable que Jésus a dû souvent y venir avec sa mère — et les scènes, les groupes des matins d'autrefois devaient se rapprocher beaucoup de ce que nous avons en ce moment sous les yeux. Ces femmes, qui se penchent là avec une souplesse lente, dans un rayon de soleil, devant l'antique arceau de pierre dont la fontaine est recouverte, ont la grâce des Thanagra, lorsqu'elles se cambrent pour poser sur leur épaule leur vase plein d'eau — leur vase d'argile identique à ceux que l'on retrouve conservés depuis deux ou trois mille ans dans la terre. Et elles sont belles presque toutes, de cette beauté des Nazaréennes qui était déjà réputée parmi les chevaliers croisés et qui, de leur temps, passait pour un don de la vierge Marie aux filles de cette bourgade...

Derrière nous, Nazareth disparaît tout de suite, car nous descendons sur l'autre versant des montagnes

— suivant la route probable que prit Jésus lorsqu'il fut chassé de son pays et qu'il s'en alla chercher asile à Capernaüm.

Une contrée nouvelle, très doucement mélancolique, se déroule devant nous, un pays de pierres, d'oliviers, de broussailles, d'informes ruines, et, tout au fond, dans un lointain si lointain qu'il n'est plus appréciable, une montagne couverte de neige s'indique avec un étrange éclat blanc : le mont Hermon, vers lequel nous allons cheminer maintenant environ quatre jours. Le sang français a plus d'une fois coulé en cette région, aujourd'hui si tranquille dans son suprême délaissement : les Croisés d'abord y ont longtemps guerroyé ; puis, il y a cent ans à peine, Kléber et Junot y livrèrent d'héroïques et presque merveilleux petits combats.

Après une lieue de campagnes pierreuses, de landes où des troupeaux de chèvres broutent des herbes courtes, un misérable village se présente à nous, d'aspect tout arabe, avec, à l'entrée, un grand sarcophage antique servant d'abreuvoir pour les bestiaux. C'est Kefre-Kena, qu'une tradition à peu près acceptable désigne comme étant le Cana de jadis, où Jésus fut convié à des noces dans la maison de Nathaniel. Nous n'avons aucun désir de visiter la petite église bâtie là par les Grecs, en mémoire de «l'eau changée en vin»; cependant, ce miracle d'une conception si enfantine ne nous semble plus, comme autrefois, de nature à inquiéter la foi des croyants ; au contraire de tels récits, qui çà et là font tache naïve dans l'Écriture, sont comme l'affirmation de l'impuissance où se seraient trouvés les évangélistes à inventer les traits du Christ et la profondeur infinie de son enseignement...

Au delà de Cana, le pays s'élève et les champs d'orge recommencent, les champs monotones et démesurés. Plus le moindre village en vue, plus un arbre et plus un buisson. Cependant le voisinage de l'homme se révèle encore ici par de grands carrés de labour dessinés sur l'étendue verte et y donnant l'impression d'un rapiéçage dans un tapis magnifique.

Ensuite, d'insensibles pentes nous mènent dans des régions toujours plus hautes où nous n'avons bientôt plus autour de nous que les libres herbages des champs ; ils recouvrent tout, ces herbages, les montagnes et les lieux bas, et ils ont l'air de n'avoir jamais été foulés par le pied humain ; de tous côtés nous ne voyons maintenant qu'un profond et charmant désert de foins et de fleurs qui semble vierge.

Nous arrivons enfin à l'un des points culminants de Galilée, découvrant une fois de plus en avant de nous d'autres régions à parcourir ; des régions grandes, vides, silencieuses, qui ont un calme de douce mort ; elles descendent, elles descendent, ces régions nouvelles, par des séries d'ondulations géantes qui sont des collines étagées ; sous le velours uniforme de leurs herbages, toutes leurs lignes paraissent comme fondues, et elles dévalent mollement vers quelque abîme lointain qui doit être la mystérieuse mer de Tibériade... Nous sommes ici au flanc du mont Hattinn, dont le sommet tout près de nous se dresse d'une montée abrupte, mais qui est garni jusqu'en haut, adouci comme la contrée entière par une couche d'herbes et de fleurs.

Envahissantes, souveraines, elles règnent partout, les mêmes herbes et les mêmes fleurs ; dans les replis des terrains, dans les zones humides, des amas de pâquerettes s'arrangent en grands cernes blancs, tandis que, sur les hauteurs plus pierreuses, c'est toujours l'éternel et délicieux assemblage des marguerites jaune pâle et des lins roses. Nous plongeons jusqu'aux genoux dans l'épaisseur des foins — et il y en a de pareils à perte de vue de tous côtés. Un voile de printemps est au ciel, un voile de vapeurs ténues, comme pour tamiser un peu le soleil sur ce revêtement de la terre qui est encore si frais, comme pour protéger tant de myriades de petites corolles légères. Sous l'infinie floraison rousse des graminées, les lointains ont des tons changeants de gorge de tourterelle et la seule chose éclatante dans ce pays aux nuances si uniformément discrètes, c'est là-bas, à d'imprécises distances, la tache blanche des neiges de l'Hermon. Le silence est immense et comme universel, traversé seulement de temps à autre par le bruit de quelque alouette qui s'élève au-dessus des herbes pour chanter sa délirante petite joie éphémère.

Et toujours cette mélancolie de délaissement, qui plane sur toute la Terre Sainte, que ne peuvent égayer ni le luxe des fleurs ni la musique des oiseaux — mélancolie séculaire et que d'ailleurs l'on sent définitive à jamais...

Ce mont Hattinn, dont le sommet aujourd'hui est là si calme auprès de nous, a cependant vu jadis des choses grandes et terribles, il a été tout vibrant de clameurs de guerre et de massacre — et les Arabes nos guides disent que l'on trouve encore partout des ossements et des fers d'armures sous son immaculé tapis de fleurs jaunes ou roses. La tradition en fait le lieu où des foules innombrables seraient montées à la suite du Christ, qui multiplia pour elles les cinq pains des apôtres [1]. Il fut, dans tous les cas, le fatal champ de bataille où s'effondra en une journée le royaume merveilleux des Croisés de Palestine; c'est là qu'ils furent fauchés tous, un jour brûlant d'été, au soleil d'il y a sept siècles, les chevaliers de Saint-Jean et les chevaliers Templiers, les barons et les prélats de France traînant avec eux la vraie croix comme un talisman suprême. Sur ces cimes dénudées que desséchait le vent de juillet, le sultan Saladin avait attiré l'héroïque et folle armée du roi Guy de Lusignan; — après la défaite ensuite, il reçut dans sa tente magnifique les vaincus épuisés par la soif et leur offrit des sorbets, rafraîchis avec de la neige que des courriers rapides avaient apportée de l'Hermon éternellement blanc.

Ils burent tous, le roi et ses fidèles seigneurs — sauf Renaud de Châtillon, que Saladin abattit d'un coup de poignard avant qu'il eût porté la coupe à ses lèvres; puis, quand ils furent désaltérés, le sultan ordonna froidement le massacre de toute la chevalerie, et le sang des beaux guerriers nobles arrosa l'herbe jusqu'au soir. Sept siècles ont coulé depuis

1. D'après Saint-Luc (IX, 10) et Saint-Jean (VI, 1), la multiplication des pains aurait plutôt eu lieu près de Bethsaïde-Julias, qui est au delà du lac de Tibériade par rapport à Jérusalem.

ce jour, sept siècles d'immobilité et de silence pendant lesquels le tapis des hauts foins, tout de suite reformé par-dessus les boucliers, les armures et les morts, n'a plus été foulé que de loin en loin par des bergers nomades, des passants de plus en plus rares...

Au fond de ces régions lointaines, qui se creusent en avant de nous comme un gouffre aux pentes si douces, une nappe d'un bleu gris commence de se découvrir : la mer de Tibériade !... Alors, dans un recueillement religieux, dans une vague crainte d'approcher, nous nous arrêtons au milieu des hauts foins infinis. Pour qu'elle reste, cette mer, un moment de plus, exquise et lointaine au milieu de son désert de fleurs, nous ferons par ici la grand'-halte du jour.

Mais l'ombre est rare dans cet uniforme pays sans arbres, et le soleil, bien que voilé, reste trop lourd pour les dormeurs ; où trouverons-nous un abri pour nos têtes ? Nous marchons encore jusqu'à une roche unique, émergeant des épaisseurs vertes comme le dos d'une bête couchée ; d'un côté elle surplombe et donne un peu de nuit et de fraîcheur, dans un recoin où deux ou trois personnes peuvent prendre place. La végétation est là très dense et vigoureuse : des graminées follement hautes, de majestueuses acanthes, des fleurs inconnues sur de longues tiges ;

4.

il faut d'abord brutalement faucher à coups de sabre, piétiner, écraser, tandis que s'enfuit le monde tranquille des bestioles, papillons, phalènes, libellules et sauterelles; puis, quand nos tapis de campement sont étendus sur des matelas d'herbes foulées, ce lieu devient l'un des plus délicieux parmi nos gîtes de passage changés tous les jours.

Nous sommes là très haut encore, voyant, comme des gens qui planeraient, le vaste déroulement de la Galilée. Et ce sont des heures d'inoubliable rêve que nous passons dans cette retraite, pendant que nos chevaux entravés plongent voluptueusement dans les fleurs et s'enivrent de foins verts. Là-bas, fort loin, et à de grandes profondeurs au-dessous de nous, le morceau visible de la mer de Tibériade, gisant dans les replis des monotones velours, est le point sur lequel se fixent nos yeux et notre pensée, le point évocateur de l'Ineffable Souvenir; au milieu de ce pays, où pas une trace humaine n'apparaît, il parle silencieusement du Christ, à la manière dont les tombes abandonnées et muettes rappellent les morts...

La lumière s'atténue toujours; il n'y a pas de nuages et cependant il n'y a presque plus de soleil; quelque chose de diaphane, comme les vapeurs des contrées du Nord, voile le ciel tout entier, et quand nous errons aux abords de notre retraite, c'est à peine si nos ombres se dessinent à notre suite sur les herbages. Dans le Sud, d'où nous venons, ces éclairages adoucis ne sont pas connus, et, à la mélancolie du lieu, ils ajoutent pour nous je ne sais quelle impression déjà septentrionale.

Le mont Hattinn est resté dans notre voisinage, et sa cime, tapissée de lins roses, évoque aussi la mémoire des croyants d'autrefois... Fini tout cela, à présent, et comme on en a conscience rien qu'en regardant ces aspects délaissés, cette couche immaculée de fleurs sur la montagne où jadis les multitudes suivirent le Christ!... Où sont-elles aujourd'hui les foules qui se lèveraient encore pour écouter un prophète?... Où sont-ils les guerriers paladins qui partiraient pour la Croisade?... La nature verte a bien fait de recouvrir de son suaire le sol qui a vu de telles choses. Et tant mieux qu'il demeure ainsi fermé et mort, ce pays sacré de Gàlil!...

Ni ombre ni soleil; il ne fait pas froid et il fait à peine chaud; l'air immobile est embaumé de l'odeur des foins. Tous les sommets un peu lointains ont, suivant leurs altitudes, des tons nuancés et comme dégradés par bandes horizontales, sous ces brumes légères qui planent — et qui nous donnent aujourd'huile sentiment du chemin déjà parcouru vers le

Nord nébuleux. La seule chose qui tranche, éclatante dans cet ensemble doucement fondu, c'est toujours là-bas, au-dessus de l'horizon gris perle, la cime neigeuse de l'Hermon — où Saladin prenait la neige de ses sorbets; très lumineuse, très nette, puissamment blanche, on la dirait suspendue en l'air, au-dessus d'une base diaphane et comme inexistante.

A part cette trouée que nous venons d'ouvrir nous-mêmes dans des fleurs, les velours diaprés sont bien intacts partout, sur les montagnes et les vallées descendantes au fond desquelles sommeille la mer de Tibériade — et on devine qu'ils se continuent de même au delà des eaux bleuâtres, sur l'autre rive encore plus abandonnée où ils prennent, dans l'éloignement excessif, des teintes fines et rares, des gris de nacre ou des violets mourants. Aucun mouvement et aucun bruit, dans tout le déploiement de ce pays d'herbes; une sorte de paix élyséenne, sous le tamisage d'une si discrète lumière; une sorte de mélancolie paradisiaque comme après la fin des temps; rien que, parfois, l'envolée des alouettes et des huppes, qui se lèvent avec des petites joies folles, pour chanter en l'air à plein gosier, mais dont la voix aussitôt semble s'intimider et se perdre dans le mystère de ce silence.

Notre marche reprise, c'est un enchantement tout à coup d'apercevoir, au bord de la nappe toujours agrandie du lac, le fantôme de Tibériade. A vol d'oiseau, comme nous le voyons, on dirait ces plans des villes de Terre Sainte, dessinés sans perspective sur les missels du temps des Croisades ; c'est quelque chose d'idéalement oriental et ancien ; sous ce pâle ciel de rêve, c'est comme le silencieux pays de quelque belle au bois dormant qu'il serait trop tard pour réveiller...

Une antique muraille noire, à bastions et à tours encore formidables, enserre des petites coupoles, les unes blanchies à la chaux, les autres restées grises, parmi lesquelles s'élancent çà et là de frêles palmiers penchés.

Et toutes ces choses, vues des lieux élevés où nous sommes encore, se profilent sur la nappe gris de lin de la mer, qui s'étend très haut au-dessus, comme une sorte de ciel triste et lourd, prêt à les submerger.

Pas une route pour mener à cette Tibériade ; partout le tapis des herbages vient tranquillement mourir au pied de ses murs. Et pas un navire le long de ses quais morts, ni ailleurs, sur la surface de sa petite mer fermée... Oh ! le sommeil de ces vieilles villes d'Orient, immobilisées dans des régions sans accès, avec le silence et le désert étendus jusqu'à leurs portes!...

D'après les traditions rabbiniques, Tibériade fut, dans l'antiquité chananéenne, Reccath ou bien Kinneroth, échue en partage aux enfants de Nephtali (Josué XIX, 35). Au temps du Christ, elle était une ville toute neuve, inachevée même, que le fastueux Hérode Antipas reconstruisait en style gréco-romain, sur l'emplacement de la primitive Reccath et qui se peuplait d'étrangers idolâtres; elle devait ressembler à Sebastieh, à tant d'autres créations de cette époque transitoire et affolée où la Palestine entière se couvrait de palais, de temples, de colonnes en un style nouveau, à la servile imitation de Rome. C'est dans l'Évangile de Saint-Jean qu'elle est une des premières fois désignée sous son nom actuel : « Et comme d'autres barques étaient arrivées de Tibériade... » (Jean VI, 23).

Après la destruction de Jérusalem, les juifs, qui l'avaient dédaignée d'abord, en firent leur centre religieux et elle leur devint bientôt sacrée; le Sanhédrin même quitta Sepphoris pour s'y réfugier. Pendant plusieurs centaines d'années, tandis que les idées chrétiennes commençaient à changer le monde alentour, elle demeura le centre obstiné et sombre du judaïsme. Ses Écoles rabbiniques, célèbres en Israël, donnèrent d'abord la Mischna; au troisième siècle ensuite, le lourd et vide Talmud, et trois cents ans plus tard encore, la savante Masorah consultée par saint Jérôme. Plus tard, Tibériade vit passer Khosroès le terrible, puis le khalife Omar. Fief de Tancrède au temps des croisades, mais revenue définivement aux mains des Sarrazins après la chute de l'empire des Francs de Palestine, elle s'endormit enfin du grand sommeil arabe et, peu à peu, fut oubliée. Au siècle dernier, quand y parut l'armée d'invasion de Bonaparte, elle n'était déjà depuis longtemps qu'un amas de pierres à l'abandon, malgré ses hautes murailles relevées par Dzaher-el-Khamr.

Nous approchant par des sentiers incertains où il n'y a personne, il nous paraît bien que ce n'est plus là que le grand simulacre, la grande momie d'une ville; ses remparts déjetés par les tremblements de terre, lézardés du haut en bas, présentent partout des brèches profondes où nous passerions à cheval aussi bien que par les portes — et, à l'intérieur, on n'aperçoit guère que des herbes et des ruines.

Cependant on nous a dit que Tibériade, depuis dix ou quinze ans, se repeuplait de juifs pieux, revenus d'Afrique, d'Espagne et de Pologne, pour vivre sur ce vieux sol, à leurs yeux sacré, qui verra naître leur tardif Messie — et il doit y avoir actuellement deux ou trois mille habitants, logés dans les débris de cette ville qui mesure plus d'un kilomètre entre ses murailles, de la porte du Nord à la porte du Sud.

C'est une impression singulière que de pénétrer là — au lourd soleil du soir, devenu sensiblement plus chaud que sur les hauteurs vaporeuses du Hattinn dans ces rues, dans ces lieux bas, tout au bord des eaux réfléchissantes.

Aujourd'hui précisément est le jour du grand sabbat, le jour de la Pâque, et cela met un air d'endimanchement mélancolique, de triste fête, au milieu de ces quartiers morts. Le long du petit bazar oriental que nous traversons, toutes les échopes de bois sont fermées. Les rares habitants, les juifs Séfardim de Pologne, au teint de cire pâle, et les bruns juifs Achkenazim d'Afrique, se promènent en causant, vêtus comme à Jérusalem de belles robes de velours et coiffés de bonnets de fourrure ; en passant devant leurs maisonnettes, aux murs informes sous des couches de chaux blanche, nous apercevons leurs intérieurs, pour la plupart improvisés dans des ruines : les femmes se tiennent toutes aux fenêtres, habillées de soies ou d'indiennes aux couleurs éclatantes, les cheveux pris dans des petits foulards de gaz d'argent et d'or où sont piquées des fleurs; leur bible hébraïque à la main, elles chantent à voix aiguës dans ce silence de nécropole, elles chantent sur des airs de jadis les psaumes du roi David... Puis, il y a des intervalles de silence, dans des quartiers abandonnés qui rappellent la désolation de Pompéï ou d'Herculanum; la ville est trop grande pour ces quelques habitants revenus du lointain exil, qui tentent d'y faire revivre un passé fini à tout jamais.

Entrés par la porte du Nord, nous traversons Tibériade dans toute sa longueur; il y a deux ou trois églises de moines chrétiens, une mosquée caduque et blanche, et deux synagogues — où, paraît-il, de jeunes lévites en sont encore à étudier le ténébreux Talmud!...

Puis, nous sortons par la porte du Sud, et nos tentes sont là, montées sur l'herbe et les fleurs, au pied des farouches remparts.

Au débotté, un bon vieux prêtre à visage d'humble apôtre nous fait visite — Joseph Fréjat, curé latin — et nous convie à venir demain dimanche assister à la première messe dans sa très petite église. (En plus des juifs qui y sont en majorité, il peut y avoir à Tibériade un millier d'autres habitants, chrétiens latins ou chrétiens grecs, arabes ou turcs.)

Ensuite, nos ablutions faites dans l'eau fraîche du lac, délicieusement reposés, nous nous en allons à pied, au hasard, le long du désert de la rive, tandis que descendent les exquises tranquillités du soir.

Une fois dépassés les deux petits dômes des bains chauds d'Emmaüs, il n'y a plus rien sur notre route; solitudes autour de nous, solitudes aussi de l'autre côté de ces eaux calmes, sur le rivage de l'Est où ne vivent que quelques dangereux nomades, et sur le rivage du Nord, jadis tant aimé de Jésus, où n'habite plus personne : pays de gramens toujours, montagnes veloutées d'herbages, sans rochers et sans arbres, où les ruines mêmes, les ruines de tant de villes des âges passés, ne se retrouvent plus. Toutes les vapeurs diaphanes, qui aujourd'hui nous enveloppaient si légèrement dans les hauts parages du Hattinn, se sont condensées en nuages, séparées de la terre, et le soleil déjà très abaissé, qui les éclaire par en-dessous, leur donne l'aspect d'un grand voile consistant, couleur de tourterelle; il éclaire aussi, ce rouge soleil du soir, tout le bord oriental de la petite mer isolée, toute la côte d'en face, tandis que nous sommes ici dans l'ombre douce et que s'assombrissent, là-bas au Nord, les collines où furent Magdala, Bethsaïda et Capernaüm. Une paix que les mots n'expriment plus, une paix infinie qui ne semble pas terrestre, s'épand sur ce berceau du christianisme et du monde, et, involontairement, voici que nous parlons bas comme dans un temple...

Sans doute, les paroles d'espérance et les paroles d'amour qui, jadis prononcées ici même, ont pris leur vol pour aller par toute la terre consoler les hommes pendant des siècles, sont mortes aujourd'hui presque autant que le rivage de cette mer; mais le regret en demeure à toujours au plus profond de nos âmes modernes, alors ce pays de Tibériade nous est encore, malgré tout, la vraie patrie sacrée. Et d'ailleurs, il n'y a pas d'autels d'or, pas de basiliques élevées par des Empereurs, qui vaudraient, pour marquer le lieu d'un tel souvenir, ce délaissement, ce retrait de la vie, ce règne du silence et ce règne des herbes comme après la fin des temps humains.

Sur les galets de la plage, de très petites vagues d'eau douce viennent déferler, inoffensives, mouillant des débris de poterie antique, des débris de verre tellement roulés et vieux qu'on dirait des cailloux d'émeraude. Les montagnes, tout autour des eaux, semblent se resserrer à l'approche de la nuit, et l'air chaud est rempli de la senteur exquise des foins... L'impression qui domine ici toutes les autres, même celles de l'abandon et de la mort, est l'impression de cette paix sereine, supérieure, qui avait commencé de nous envelopper dès les abords de ce lieu, dès les silencieuses hauteurs du Hattinn. Il semble que Jésus l'ait laissée ici, la suprême paix émanée de lui, car nous nous sentons différents, comme détachés des choses, reposés et bons, ouverts à des pitiés douces, à des pitiés sans bornes. Et ces paroles chantent en nous-mêmes avec un sens nouveau, comprises pour la première fois, amenant presque dans nos yeux les bonnes larmes : « Je vous donne ma paix, je vous laisse ma paix... La paix soit avec vous!... »

La lumière baissant toujours, nous revenons sur nos pas, afin de regagner lentement Tibériade. C'est par un sentier incertain, au milieu de chardons fleuris et de folles avoines, à l'heure où les bergers ramènent le bétail vers l'indispensable abri des remparts ; de temps à autre, des troupeaux de chèvres, qui suivent le même chemin vers la ville, nous enveloppent avec un bruit de frôlement de plantes, de milliers de petits piétinements légers, puis nous dépassent et s'éloignent, tant notre marche est recueillie et lente... Et nous avons devant nous toute cette rive du Nord, que nous irons demain matin visiter avec une barque — cette rive qui fut le pays aimé de Jésus, et où s'aperçoit d'ici la coupée obscure du Jourdain, près du désert de Bethsaïda...

Au crépuscule finissant, quand nous revenons à nos logis de toile au pied des grands murs, les juifs et les juives, sortis des ruines de Tibériade dans leurs beaux habits du sabbat pascal, sont assis sur l'herbe, groupés autour des tombeaux des vieux rabbins Talmudistes — continuant, au mélancolique soir, la fête du jour, jetant les étranges couleurs de leurs robes comme des taches claires sur cet ensemble déjà assombri.

Nous devons, après notre souper sous la tente, retourner dans la ville pour visiter deux prêtres français, les abbés V... et L... que nous avons rencontrés dernièrement à Jérusalem. Ils voyagent en Palestine pour achever de très savantes études d'archéologie chrétienne et ont bien voulu nous promettre de nous accompagner demain dans notre pèlerinage en barque vers la rive sacrée qui s'étend de Capernaüm à Magdala.

C'est à l'autre bout de Tibériade qu'ils habitent, dans le petit couvent des moines. Nous avons donc, pour aller chez eux, à retraverser toute la ville en pleine nuit — et cela nous fait voir en passant les veillées de la Pâque dans toutes les maisons juives aux fenêtres ouvertes : les lampes sabbatiques sont allumées dans ces intérieurs peints à la chaux blanche qui éclatent çà et là parmi le noir des ruines ; les familles se tiennent attablées autour du pain pascal, dans leurs habits des grands jours, les femmes un peu barbarement parées avec leurs coiffures de fleurs naturelles et de gaze d'or ; à pleine voix, ils psalmodient tous ensemble, dans la joie de la patrie retrouvée et des vieux hymnes rechantés sur le sol héréditaire, après les exils de plus de mille ans. Et, au milieu de l'obscurité des rues, nous en rencontrons aussi, de ces chanteurs, en robe de velours — qui se rangent avec crainte devant notre haut fanal et devant le groupe d'Arabes que nous sommes. C'est étrange, de les voir vivre et se réjouir, ces gens-là, dans cette nécropole sans communication avec le reste du monde ; pour comprendre, il faut savoir qu'ils sont soutenus par ces Israélites d'Europe, leurs frères richissimes, qui mènent aussi à coups de millions beaucoup de nos affaires occidentales.

Il est tard pour Tibériade, quand nous sortons de chez les abbés, et notre rentrée au camp est une chose exquise, sous une lune qui fait nos tentes toutes blanches au milieu du velours foncé des foins, qui projette, très noire à côté, l'ombre des remparts farouches et des quelques palmiers sveltes, qui déforme, agrandit les choses, et achève de perdre en nous la notion de ce siècle. — On dirait, dans les vieux temps, le retour d'une ronde nocturne de Sarrazins...

VI

Dimanche 22 avril.

Dans une pure lumière du matin, dans un joyeux ensoleillement de dimanche, et toujours dans cette paix qui enveloppe la mer de Tibériade, nous allons, pour tenir notre parole, entendre avant le départ la messe de six heures, dite par l'humble prêtre qui nous visita hier soir.

La pauvre petite église est tout uniment blanchie à la chaux; son autel, arrangé avec un peu de calicot blanc, un peu de mousseline; son chemin de croix, en naïves peinturlures sur papier. Tout ce qu'on peut imaginer de plus modeste, dans une propreté blanche, avec des rayons de soleil entrant par les fenêtres, et des chants d'hirondelles.

Mais, pas une place vide ; les bancs sont remplis. Pendant la messe, célébrée suivant le rite oriental, tous les paroissiens mangent le pain consacré et chantent ensemble ; Arabes convertis, ils entonnent les *Kyrie* et les *Sanctus* en fausset de muezzin, comme s'ils étaient en haut des minarets à l'aube naissante... Et cela se termine par une procession dans l'église, les petits enfants fermant la marche et chantant de tout leur cœur comme les oiseaux.

Avant de prendre congé de nous, le bon curé tient à nous recevoir dans la chambrette blanchie qui lui sert de presbytère. Un lit, une chaise de paille, quelques livres, c'est tout ce qu'il possède en ce monde. Il nous dit ses salaires : dix-sept francs par mois! Depuis vingt ans, il est à Tibériade et son seul rêve terrestre serait d'y attendre en paix le grand mystère de la fin, d'être laissé là par ses supérieurs jusqu'au jour de la mort... Si touché que nous ayons répondu à son appel, il demande la permission de nous donner le baiser de paix, au moment de l'adieu qui vraisemblablement sera pour l'éternité.

Nous avons expédié à Bethsaïda, par les sentiers de la rive, nos chevaux, nos mules et nos bagages.

Et nous descendons sur le quai mort de Tibériade, attendre les deux abbés qui doivent être nos compagnons du jour.

Trois ou quatre barques, c'est tout ce qui reste de vivant sur cette petite mer, sillonnée au temps de Jésus par d'innombrables bateaux pêcheurs; elles sont là, le long des vieilles dalles, amarrées à ce quai solennel et désert, et nous en frétons deux pour notre voyage, après de longues discussions méfiantes avec les Arabes qui les montent.

Au clair soleil du matin, Tibériade mire ses ruines dans la tranquille mer sans navires; jusqu'au bord, s'avancent des maisons millénaires, des murs de forteresse, de grandes voûtes d'un usage oublié et incompréhensible. Quelques femmes, arabes ou juives, en tuniques de fraîches couleurs, descendent de leurs logis délabrés, entrent dans l'eau jusqu'à mi-jambe; les unes pour remplir de grand vases d'une forme encore romaine qu'elles ont apportés à l'épaule; d'autres, que suivent en miaulant de maigres chats, pour laver des poissons sur des pierres. Et c'est là tout le mouvement de la matinée, le long de ce quai vide et solennel, où rayonne une idéale lumière.

Quand nous sommes enfin maîtres de nos barques, nous appareillons à la voile, au souffle d'une imperceptible et tiède brise. — Ainsi, et par des matins semblables, appareillaient autrefois les apôtres, qui étaient pêcheurs sur cette exquise petite mer.

Lentement le fantôme de Tibériade s'éloigne, reflété en traînées longues dans son éternel miroir; de loin, il reprend peu à peu l'aspect d'une vraie grande ville d'autrefois, et on y croirait, si ce n'était ce silence alentour et, sur les montagnes, ce tapis jamais foulé des herbages verts. Le désert monotone et pareil nous environne de partout, les mêmes rives, les mêmes montagnes sauvages, vides, sans une roche et sans un arbre, délicieusement vertes et calmes, sous le ciel bleu et sur l'eau bleue. Pas d'autres voiles en vue que les nôtres, à la surface immobile de cette mer qui fut jadis si peuplée et qui vit se livrer entre ses flottilles de vraies batailles navales.

Et les villes, où sont-elles? Gamala, Gergesa, Bethsaïde-Julias, Capernaüm, Bethsaïda et Magdala?... Leurs ruines mêmes ne se voient plus!... De près seulement — nous disent les abbés qui sont aujourd'hui nos compagnons de route — on en aperçoit les dernières traces. En parcourant ce pays dévasté, on trouve, en certains lieux, sous les foins et les fleurs, des amas de grandes pierres taillées, des peuplades de colonnes, couchées comme les morts après les batailles; mais on ne sait plus bien à quelles cités détruites ces débris correspondent, ni quel nom leur donner. Et, ici comme partout dans la Palestine et l'Idumée, on reste confondu devant le mystère de tels anéantissements.

Quand déjà Tibériade est près de s'effacer derrière nous, El-Medjdel, le seul village encore existant, commence d'apparaître à l'entrée de la plaine de Gennezareth. Probablement c'était là qu'autrefois s'élevait Magdala, patrie de Marie-Magdeleine, grande ville des vieux temps, au bord d'une des routes les plus anciennes du monde, la route de Jérusalem à Damas, qui n'est plus aujourd'hui qu'un sentier délaissé des hommes. Au pied d'un arbre unique, un baumier-de-Galaad, ce Medjdel est un groupe d'une vingtaine de misérables et craintives maisons de fellahs, avec de gros murs sans fenêtres comme pour subir des sièges — et d'ailleurs pillées et repillées par tous les Bédouins des proches déserts...

Tibériade achève de s'abaisser là-bas, plongée, comme noyée dans les eaux silencieuses du lac; puis Medjdel à son tour s'efface, et nous ne voyons plus rien autour de nous que les montagnes veloutées de gramens. Seulement, dans le Nord lointain, le mont Hermon — que les Arabes appellent le « Grand Cheikh blanc » — brille de l'éclat triste de ses neiges, au milieu de tant de bleu et de tant de vert dont nous sommes de tous côtés environnés.

La brise est tout à fait tombée, et nous devons

serrer nos voiles, mener à l'aviron la barque lourde. Il fait une amollissante chaleur, sous le ciel sans nuages et au-dessus du morne rayonnement des eaux. Ici, comme dans les parages de la mer Morte, la dépression profonde des niveaux (plus de deux cents mètres au-dessous des mers) amène un climat local d'exception, propice aux poissons et aux plantes des tropiques.

Ce lac, qui mesure une vingtaine de kilomètres de long sur neuf ou dix de large, semble se rétrécir d'heure en heure, tant l'air devient limpide après les buées du matin, tant se voient clairement les deux rives. Sur notre droite, du côté oriental, était la ville de ces Géraniens qui prièrent craintivement Jésus de se retirer de leur pays après qu'il eut guéri les démoniaques logés là dans des tombeaux ; plus rien aujourd'hui sur les montagnes de ces bords, que le linceul infini des herbes ; c'est du reste le côté des Bédouins pillards et il faudrait pour y descendre être plus nombreux et armés. En avant de nous, c'est le saint rivage où nous allons, le pays sacré de Capernaüm ; — et rien, là non plus, rien que la continuation du pareil linceul vert. Et sur notre gauche, à l'Occident, c'est la plaine de Gennesareth, qui semble si resserrée entre la mer et les montagnes, si petite pour le nom plein de souvenirs qu'elle porte ; elle était admirablement cultivée au temps de Jésus, et la route de Jérusalem à Damas la traversait, y amenant un continuel passage de troupes ou de caravanes ; plus tard, l'historien Josèphe en parle comme d'une sorte de jardin enchanté où, grâce à cette chaleur exceptionnelle des lieux bas, croissaient les arbres et les fleurs rares ; mais là encore, plus rien : un petit désert presque impénétrable de broussailles et de roseaux emmêlés...

Le soleil est brûlant ; l'eau, à peine ridée au passage de nos barques lentes. De temps à autre, interrompant nos pensées, les rameurs s'arrêtent, se baissent pour prendre de l'eau et boire dans le creux de leurs mains ; ou bien quelque poisson, dérangé de son sommeil, saute et retombe ; — on les laisse bien en repos, de nos jours. les poissons que jadis pêchaient les apôtres, et ils ont dû se reproduire sans nombre dans ce lac abandonné.

Après deux ou trois heures de route, nous abordons enfin, parmi les roseaux et les lauriers-roses, en un lieu nommé Tell-Houm, qui passe depuis le xviie siècle pour être la Capernaüm choisie par Jésus et appelée « sa ville » dans l'Écriture (Saint Mathieu, ix, 1).

Mais plus vraisemblablement, c'était cette Corozaïn

qui fut comprise dans ces imprécations : « Malheur à toi, Corozaïn! malheur à toi, Bethsaïde!... Tyr et Sidon seront traitées moins rigoureusement que vous, au jour du jugement dernier » (Luc, x, 13, 14; Mathieu, xi, 20, 22).

Il faut se frayer un chemin à coups de bâton dans les plantes enchevêtrées, dans les roseaux, les chardons, les acanthes, pour arriver aux ruines. Des mouches, des libellules innombrables s'envolent autour de nous, s'échappent de toutes ces hautes fleurs qui nous dépassent. Une grande chose noire est là tendue sur les herbages, comme un nid de chenilles géantes : une tente de Bédouins. Et deux jeunes figures maigres, sauvages, sombres, coiffées du traditionnel voile brun dont les pointes leur font de longues oreilles de chèvre, surgissent à demi d'un fouillis de graminées, comme des bêtes qui se lèveraient inquiètes à l'approche des chasseurs. Il y a toujours des Bédouins campés sur les ruines, dans l'espoir d'y trouver des trésors...

A terre, couchées et presque enfouies, gisent des colonnes d'ordre corinthien, en basalte noir, des soubassements, des frises sculptées ; le tout noyé dans une végétation chaude et folle.

On aimerait pouvoir admettre l'opinion qui place ici Capernaüm, car alors ces débris seraient ceux du temple où s'entendit longtemps la voix de Jésus. Mais, plus probablement, ils viennent de quelque belle synagogue de l'époque talmudiste, des siècles où la civilisation mosaïque refleurissait, opiniâtre et entière, dans cette petite région isolée.

C'est plus à l'Ouest, vers Gennesareth, qu'il faudrait chercher la vraie Capernaüm, car, d'après le témoignage non contestable de l'historien Josèphe, Capernaüm possédait une fontaine jaillissante qui arrosait toute la célèbre plaine et dans laquelle, détail très particulier, vivait un poisson d'une variété rare, le « poisson qui crie » (Clarias Macrocanthus). Or, deux fontaines, là-bas, celle de Aïn-et-Tin et celle de Aïn-et-Tabigha où nous allons nous rendre tout à l'heure, répondent au signalement et contiennent encore, paraît-il, le poisson étrange. Mais il n'y a pas de ruines dans leurs parages...

Alors cela demeure une énigme, dont les roseaux et les herbages ne donneront pas le mot à jamais perdu. Il est surprenant d'ailleurs que les chrétiens d'autrefois et les pèlerins de notre temps, toujours attirés en masse vers Jérusalem, se soient si peu occupés de cette mystérieuse Capernaüm, de cette « ville de Jésus », où le Christ a passé les trois plus importantes années de son ministère.

Remontés dans nos barques, nous suivons doucement la sainte rive, vers l'Ouest, dans la direction de Bethsaïda.

Et maintenant, peu nous importe l'imprécision de nos conjectures sur le gisement des villes disparues; ces bords du lac de Tibériade nous restent, comme un temple inviolé du Grand Souvenir. Depuis l'époque où Jésus enseignait ici même les pêcheurs galiléens, la Terre a eu beau parcourir des espaces inconcevables, entraînée dans l'orbite inconnue de son soleil, ce point particulier de sa surface s'est maintenu sans changement; les conditions géologiques n'y ont pas été modifiées, les petits caps, les paisibles petites baies s'y découpent aux mêmes places, entre leurs éternelles ceintures de joncs et de lauriers-roses; les mêmes fleurs et les mêmes bêtes y renaissent à tous les printemps.

Ainsi, c'était là, un peu partout sur ces bords, au hasard de la brise dans les voiles : des pêcheurs se groupaient en petites flottilles le soir, autour de celui qui disait des choses inouïes et merveilleuses; à terre, des foules accouraient aussi, et alors on approchait les barques jusqu'à la lisière des herbes, pour permettre à tous d'entendre. Et peu à peu, une simple association d'hommes des champs ou de la mer se formait autour du Nazaréen, oubliant tout pour vivre avec Lui dans un rêve nouveau et céleste...

Sur les lieux mêmes, dans la précision rapetissante des détails, lorsqu'on dégage le Christ et les apôtres de l'auréole légendaire, leur humilité devient un sujet troublant, tantôt de doute plus désolé, tantôt de confiance inespérée...

C'était si peu de chose, au début, cette petite confrérie d'âmes orientales, rêveuses alors comme de nos jours, ignorantes de tout, des civilisations et des philosophies terrestres aussi bien que des lois cosmiques les plus élémentaires, et longuement indécises, pleines de défaillances et d'incrédulité auprès du jeune Maître. Mais ce qu'il disait, le Maître, était tellement divin que nous en vivons ou que nous en mourons encore!.. Les simples qui l'écoutaient nous l'ont transmis de leur mieux — oh! bien imparfaitement sans doute, avec des naïvetés déroutantes comme les Synoptiques, ou bien avec un mélange de théories et de vanités personnelles comme saint Jean — et, malgré tout, cela a suffi à bouleverser et à régir le monde pendant dix-neuf siècles, et depuis, nous n'avons rien trouvé qui le vaille ni seulement qui en approche. Et nous restons, à notre insu, tellement imprégnés de cet enseignement du Christ que nos théories en apparence les plus nouvelles découlent encore de lui ; les socialistes même, ou tels outranciers qui stupidement brisent partout sa croix, ne sont en somme que ses disciples, à peine plus dévoyés que certains prêtres d'intolérance et d'obscurité ; il a été plus subversif qu'eux tous, mais il a énoncé le vrai précepte de paix et de moindre souffrance, qui n'avait jamais été écouté avant lui sur la terre et qui seul pourrait calmer encore nos tourmentes modernes : Aimez-vous les uns les autres...

Quel silence aujourd'hui, sur ces rives, quel sommeil de mort pèse sur ce berceau du monde !... Voici bientôt le midi brûlant, et nos barques se traînent, de plus en plus alourdies, sous un écrasement de lumière et de chaleur, le long des roseaux, au bourdonnement des mouches. Nous subissons la grande oppression muette des solitudes et des ruines...

Il disait des choses inouïes et merveilleuses !... Et c'était là, dans ces petites baies redevenues désertes depuis des siècles, où nous passons seuls, n'éveillant que les myriades de libellules endormies sur les joncs. C'était aux époques où cette Galilée, qui n'est plus, vivait d'une vie jeune, à la fois intense et naïve ; des villes et des sociétés humaines, que nous ne nous représentons pas, fermentaient à son souffle ; en l'écoutant, s'extasiaient et rayonnaient des yeux, des visages, dont nous ne retrouverions plus la poussière.

Il parlait de pardon, de miséricorde infinie, en un temps où les hommes ne connaissaient que les dieux sombres, dictateurs des anciennes lois de vengeance et de sang.

Il disait des choses inouïes et merveilleuses !... Oh! si on pouvait les entendre encore, sans les retouches humaines qui nous les ont diminuées, telles que les ont entendues les roseaux et les pierres de cette rive, et en retenir l'expression rigoureuse, moins symbolique sans doute que celle des Évangiles et plus appropriée aux âmes de tous les temps...

Nous pouvons à peine comprendre, nous qui avons maintenant au fond de nous-mêmes de si longues hérédités chrétiennes, combien étaient neuves et bouleversantes les paroles de Jésus à l'époque où il les prononçait. Auprès du puits de Sichem, quand il disait : « Le temps va venir où vous n'adorerez plus sur la montagne ni dans Jérusalem ; Dieu est esprit, et il faut que ceux qui l'adorent, l'adorent en esprit et en vérité », il était le premier à secouer de l'épaule cette étroite vénération des autels et des sanctuaires, qui était alors la base de toutes les religions humaines et qui subsiste encore, deux mille ans après lui, dans des âmes sans nombre. Il parlait de fraternité, à une époque où ce mot, déchu à présent de sa grandeur première par l'abus hypocrite que nous en avons fait, était nouveau, stupéfiant et sublime. Tous les hommes frères, tous les peuples frères et, au même titre, enfants de l'Éternel ! Les murs des vieux temples en tremblaient, car on était encore à l'âge des haines irréductibles entre les races et entre les dieux.

Et celui qui proclamait cela était d'Israël, la nation la plus fermée et la plus dédaigneuse de toutes !...

Il parlait d'abnégation, de charité, d'amour, et c'était une musique fraîche et délicieuse, qu'on n'avait encore jamais soupçonnée autour de lui et qui ravissait les âmes.

Il dépassait encore — quoi qu'on ait voulu dire plus tard — le bouddha Çakia-Mouni, qui avait été avant sa venue le plus divin des hommes. Et les érudits qui, de nos jours, ont essayé d'expliquer humainement sa mission, n'y sont pas parvenus encore, pas plus du reste qu'ils n'ont éclairci le mystère des prophètes annonciateurs et du livre insondable d'Isaïe. Alors, autour de lui continuent de rayonner quand même les lueurs incompréhensibles...

Oh! ce qu'il disait surtout, et ce que Çakya-

Mouni, avec son vague nirvâna, n'avait pas osé concevoir, c'est que la personnalité, le souvenir et l'amour, sans lesquels il ne vaudrait pas la peine de revivre, persistaient après la mort, et qu'il y aurait une union sans fin aux êtres chéris, quelque part où l'on serait à jamais pardonné et pur. Avec une certitude sereine, qui ne semble pas terrestre, il disait ces choses. Il chantait, comme aucun prophète n'avait su le faire, le chant des revoirs éternels qui a bercé pendant des siècles les souffrances et les agonies. Et ce chant-là, voici que de nos jours, au triste déclin des temps, les hommes se meurent de ne plus l'entendre...

Il est plus de midi quand nous atterrissons dans les herbes à Bethsaïda, où nos chevaux, venus par les sentiers de Gennesareth, doivent être arrivés depuis longtemps.

Il y a là une maison isolée, qu'un moine habite avec quelques serviteurs arabes.

La maison est presque une forteresse. Et on dirait un vieux soldat d'avant-garde, ce moine basané qui vient à notre rencontre. Ses chiens qui l'accompagnent ont les oreilles et la queue en lambeaux, à la suite de leurs batailles de nuit avec les chacals maraudeurs.

Nos chevaux sont là, en effet, nous dit-il, et nos muletiers, nos mulets, sont passés depuis deux heures et partis, suivant nos instructions, au delà des montagnes. Ils doivent porter nos tentes en un lieu appelé Aïn-Mellaha, qui est par là-bas dans des déserts marécageux hantés par les Bédouins Ghaouarineh et où nous camperons cette nuit, pour arriver demain à la Césarée-de-Philippe.

Avant de nous séparer des deux abbés, qui comptent retourner ce soir avec les barques à Tibériade, nous voulons faire en leur compagnie le repas du milieu du jour, et, sur une table que le moine hospitalier nous prête, nos serviteurs mêlent nos provisions de route ; c'est dans la maisonnette solide et neuve, au milieu d'une salle blanche aux airs de chapelle, donnant par des fenêtres ouvertes sur tout le bleu et sur tout le silence du lac sacré.

Il n'y a rien d'aimable comme des prêtres aimables ; leur gaîté détachée sonne franc et clair. Ceux-ci, en plus, sont des érudits et des artistes ; alors, facilement nous oublierions l'heure, à cette table très frugale. Notre hôte, qui s'appelle frère Zéphyrin, est intéressant lui aussi ; au prix de mille difficultés, il a réussi à s'établir dans cette solitude où il s'efforce de faire un peu d'évangélisation aux Bédouins, un peu d'agriculture, un peu d'archéologie, et il se rappelle derrière lui tout un aventureux passé dans les missions avancées du désert.

Nous ne buvions que de l'eau des sources voisines; mais, sur la fin de notre repas, le moine apporte un petit flacon d'un innocent vin qu'il a fait lui-même avec les premiers raisins de ses treilles, et, par une fantaisie surannée d'exilé, attendri tout à coup, il nous prie de boire à la France... Les prêtres ensuite demandent qu'avant de nous séparer nous nous recueillions ensemble au souvenir de Celui qui vivait, il y aura bientôt deux mille ans, sur les bords de cette mer :

— Vous, disent-ils en s'adressant à Léo et à moi, vous êtes des protestants, mais cela ne fait rien, n'est-ce pas? sur le Christ, nous sommes tous d'accord.

Et voici que notre intimité improvisée finit par une sorte de commune prière, tout à coup impressionnante étrangement, à cause de ces régions vides et dévastées d'alentour, qui furent celles de Gennesareth et de Capernaüm...

Sous un soleil torride, nous remontons à cheval, vers deux ou trois heures, trop tard pour la longue route qui nous reste à faire avant la nuit ; puis, sitôt que nous avons dit adieu à nos amis d'un jour, nous

nous trouvons replongés dans les chaudes solitudes, marchant presque enfouis sous les herbages.

Il nous faut d'abord franchir les montagnes qui entourent le lac de Tibériade, et nous nous élevons par degrés au-dessus de la plaine de Gennesareth, qui demeure longtemps déployée sous nos yeux et nous fuit peu à peu, en profondeur. Elle n'est dans toute son étendue qu'une jungle inextricable, où les plantes ont des proportions inusitées, chardons, roseaux, lauriers-roses ou papyrus.

Du reste, le fouillis de graminées et de fleurs dans lequel nous nous frayons un passage se maintient toujours aussi puissant, dans les régions hautes où nous voici bientôt arrivés. Au temps où elle était cultivée, cette Galilée devait être un jardin d'abondance, et on ne s'explique vraiment pas les raisons humaines d'un tel délaissement.

Très loin, très loin, sur une montagne des chaînes occidentales se distingue comme une traînée blanchâtre : c'est Safed, un autre fantôme de ville dans le genre de Tibériade et où les juifs, paraît-il, ont commencé à revenir en masse. Elle semble s'être perchée là-haut par frayeur des Bédouins d'en bas.

Nous la perdons de vue bientôt, la laissant à une journée de marche sur la gauche de notre route, et nous n'avons plus autour de nous qu'un Éden sans âge appréciable, où cependant je ne sais quelle mélancolie apaisée semble indiquer plutôt la fin que le commencement des temps.

La mer de Tibériade, déjà lointaine sous nos pieds, n'est plus qu'une petite nappe d'un bleu clair et céleste, au milieu du vert infini des montagnes de Galilée. Et nous regardons s'en aller toute la région sainte, vers laquelle nous ne retournerons jamais plus — sorte de patrie mystique où nous avions espéré trouver autre chose que le sentiment de la nature souveraine et de son renouveau éternel...

Au bout d'une heure et demie de montée, sur un sommet après lequel nous recommencerons à redescendre dans les contrées basses d'au delà, nous rencontrons une grande construction humaine, d'un brun sinistre au milieu des foins ; ce qu'on appelle en Syrie un Khân, moitié caravansérail et moitié forteresse. C'est une ruine, il va sans dire, une ruine abandonnée depuis que les caravanes ont cessé de sillonner ce pays dépeuplé; les herbes l'ont envahie et elle se reflète dans un étang, qui est à ses pieds comme une glace immobile. Au dire de nos guides, elle est pleine de serpents dangereux, et nous cueillons sur ses murs la rare et triste mandragore.

C'est de là que nous jetons notre regard d'adieu sur la mer de Tibériade...

Le soleil est déjà près de l'horizon occidental, quand nous commençons à redescendre vers les marécages des bords du Haut Jourdain dans lesquels nous devons passer la nuit. Le bassin où ce fleuve coule, se déploie maintenant devant nous, immense et désert, entre deux chaînes de montagnes ; c'est une contrée de roseaux et de papyrus, magnifiquement verte, qui est redevenue, après des siècles d'abandon, aussi sauvage qu'une jungle préhistorique ; çà et là, des flaques d'eau brillent dans ces bas-fonds comme des miroirs parmi les herbes, et au loin apparaît la tache bleue de ce lac de Houleh sur les bords duquel, dans l'antiquité biblique, tant de Rois s'étaient assemblés (Josué XI, 1 à 10).

Nous descendons par des pentes douces, dans une région de fenouils géants qui dépassent la tête de nos chevaux. De temps à autre, en avant de nous, s'entend la grêle musique d'un chalumeau arabe ; alors les fenouils s'entr'ouvrent pour donner passage à des petits bœufs noirs au front blanc et, après eux, fermant la marche, sort des ombelles jaunes et des feuilles en plumes légères, le musicien qui les mène, un Bédouin berger, coiffé du traditionnel voile brun dont les pointes sont arrangées en oreilles de bête.

Plus nous descendons, dans la mélancolie grandissante du soir qui tombe, plus ces rencontres deviennent fréquentes ; jamais nous n'avions croisé tant de Bédouins sur notre route. Ils pullulent dans ces marais du Haut Jourdain, attirés par les eaux et les pâturages; mais ce sont des Ghaouarineh, réputés inoffensifs.

Suivant des pentes follement garnies d'herbes, nous descendons, descendons toujours, de plus en plus noyés dans la profusion des longues tiges frêles.

Maintenant, on entend de tous côtés les sauvages petites flûtes bédouines; des milliers de ces tentes, aux aspects de nids de chenilles, apparaissent, collées en rang sur les prairies. Le sol des battues, amolli et gras sous les pieds de nos chevaux, porte des empreintes d'innombrables bêtes, et nous croisons des défilés sans fin de bœufs noirs, de chèvres noires, que des pâtres au visage sombre et au burnous noir ramènent en musique vers des campements noirs. Non, jamais nous n'avions vu autour de nous un tel fourmillement de nomades; ces Bédouins, que nous étions accoutumés à rencontrer en petits groupes, espacés au milieu des solitudes, vivent par légions ici, sous les roseaux de ces marais qui de loin nous avaient semblé déserts. Ils nous donnent l'illusion de la puissante vie pastorale des plus vieux âges: quelque agglomération primitive au bord des lacs...

Et cette contrée sur laquelle ils sont venus s'abattre

a été jadis un des centres du développement humain ; abondamment arrosée, d'une fertilité merveilleuse, elle a connu des civilisations hâtives et magnifiques. Ces débris que l'on y aperçoit de loin en loin — un amas de colonnes tombées ou quelque éboulement de pierres géantes — ont été des palais, des temples de l'époque cyclopéenne, consacrés aux plus anciens dieux de la terre. Tous ces personnages qui nous semblent à présent des fantômes de légende, les rois d'Hatzor, de Madon, de Simron, d'Acsaph et de Kinnaroth, puis Téglat-Phalazar, puis Nabuchodonosor y sont venus, sous un plus jeune soleil, y ont vécu d'une pleine vie, couru, haleté, crié dans l'ivresse des batailles, détruisant des armées et des villes... Et le Christ, des siècles plus tard, y a fait entendre sa parole délicieusement nouvelle, et pour finir, les paladins de France, la croix sur la poitrine, y ont accompli d'étonnantes choses...

Maintenant, plus rien. La race des hommes aux larges couronnes de laine noire et aux coiffures en oreilles de chèvre s'y est lentement répandue, comme une traînée d'obscurité et de sommeil. De tout ce qui avait été tant disputé, tant de fois détruit et reconstruit, ils ont fait peu à peu des ruines pareillement méconnaissables ; ils ont tout mêlé dans un néant uniforme, où les noms des villes antiques se sont même perdus, sous le retour envahissant des herbages verts... Elle est bien étrange, quand on y songe, cette race bédouine, si fine et si belle, mais qui garde comme de persistantes ténèbres au fond de ses grands yeux doux ou superbes, qui reste avec une telle obstination à l'état primitif, qui y ramène aussi la terre où elle habite — et qui peut-être, inconsciemment, possède et pratique la suprême sagesse.

Maintenant nous sommes tout en bas, cheminant entre les immenses marécages — où des vases dangereuses dorment sous les roseaux — et la chaîne occidentale des montagnes, qui répand sur ce pays une ombre déjà crépusculaire. Le soleil doit être couché ; la lumière baisse, baisse, et une buée presque froide sort du sol avec une senteur de fièvre. Nous pressons nos chevaux déjà fatigués et qui s'épuisent sur ce terrain mou. Comment trouverons-nous nos tentes, quand la nuit sera tout à fait tombée?

Toujours nous croisons des Bédouins, armés de fusils et de lances, qui nous disent bonsoir, et des grandes Bédouines à peines voilées, qui nous jettent un regard fuyant et sauvage. Nous leur demandons souvent cet Aïn-Mellaha, où notre campement doit nous attendre. « Oh! répondent-ils avec un lent geste et un sourire de demi-ironie, là-bas, là-bas, très loin encore! » — Vraiment, nous nous sommes mis en route trop tard. Les sentes, les battues deviennent difficiles à suivre, presque invisibles, et en les quittant nous risquons de tomber dans les flaques d'eau, dans les ruisseaux dont la région est partout entrecoupée.

C'est presque la nuit déjà, les premières étoiles s'allument. Notre guide, très troublé, ne se retrouve plus. Tantôt nous sommes dans les fenouils qui se reconnaissent à leur senteur, tantôt au milieu de champs d'orge, devinés surtout au frôlement des épis. Sur notre droite, le cours présumé du Jourdain s'indique encore, dans l'ombreux fouillis des joncs et des papyrus, par une sorte de nuée blanche qu'il exhale et qui plane au-dessus comme des flocons de ouate.

Nous avions espéré que les feux de nos gens nous révéleraient de loin nos tentes, mais d'autres feux s'allument partout, des centaines de feux sur lesquels nous n'avions pas compté; ils brillent dans tous les lointains de ce pays vert, peuplé si mystérieusement; ils nous donneraient l'illusion des lumières d'une grande ville, si nous ne savions que ce sont de simples flambées de branches devant d'inhospitalières tentes noires. Le pullulement de la vie bédouine nous entoure de plus en plus dans l'obscurité. Au

concert des grenouilles, commencé de tous côtés à
la fois, se mêlent des aboiements de chiens, des
appels de bergers, des clameurs lointaines qui sonnent
étrange, et toujours le petit turlututu moqueur des
flûtes de roseau, étouffé, dirait-on, sous l'épaisseur
des herbages.

Nuit close maintenant, et, ne sachant plus que
faire, nous nous arrêtons.

C'est au milieu d'herbes infiniment légères qui
arrivent à la hauteur de nos têtes, mais qui sont
très clairsemées, permettant de vaguement distinguer
les choses proches. Çà et là, autour de nous, il y a
des masses noires, de contours imprécis, qui doivent
être des bœufs — et même on entend leur tranquille
broutement nocturne. Et voici des formes humaines
aussi, qui surgissent en silence autour de nous,
silhouettes bédouines à larges couronnes et à longues
oreilles de chèvre, remuant leurs draperies dans
l'espèce de brouillard que font toutes ces tiges si
hautes; — l'un d'eux tout à coup prélude sur son
chalumeau, petite musique qui est discrète comme
une voix d'insecte, mais que nous n'attendions pas
si près de notre oreille, et les autres alors, légers,
sans bruit, sautent en mesure, frôlant les herbages
d'une danse de fantômes...

A nos esprits que la fatigue endort, ils donnent l'impression de ces moustiques qui s'assemblent le soir, pour des rondes, dans le voisinage des eaux.

Ils nous ont vus, les bergers danseurs, et ils s'approchent pour nous interroger; ils nous cernent, s'appuyant familièrement sur nos chevaux, leurs bras nus posés sur nos genoux.

— Aïn-Mellaha! disent-ils, oh! c'est presque à une heure de marche encore, et la nuit va être bien noire.

L'un d'eux, qui se nomme Mohammed-Lassem, finit par se décider à nous y conduire, pour un *medjidieh* (cinq francs turcs) payé d'avance.

La pièce donnée, il demande le temps d'aller jusque sous sa tente, prendre ses armes en prévision du retour solitaire, et tous disparaissent, envolés comme des mouches de nuit.

Des minutes passent, un peu anxieuses. Puis, notre guide commence à appeler:

— Ho! Mohammed-Lassem! Ho!

Rien ne répond. Nous nous croyons joués et abandonnés, lorsque soudain un petit « Ho! » quasi moqueur s'entend dans les herbes les plus proches, et nous voyons se dessiner en noir la tête coiffée d'oreilles de bête, le canon du mince fusil de Mohammed-Lassem; par plaisanterie ou par dédain, il n'avait pas pris la peine de répondre plus tôt; mais il arrive, il est homme de parole comme tous les Bédouins de toutes les Bédouineries.

En route donc, à sa suite.

Sans lui, comment aurions-nous fait? Le sentier est tout ce qu'il y a de plus difficile; partout se présentent des gués qu'il faut connaître, et nos chevaux du reste les franchissent en tâtant avec un instinct merveilleux sur des pierres qui branlent, au milieu de vases sournoises et profondes, pendant que de grandes herbes nous fouettent au passage.

Les montagnes à notre gauche se découpent intensément noires sur le ciel étoilé, et d'innombrables feux continuent de briller dans les roseaux de la plaine. On entend la confuse clameur de milliers d'êtres; les hommes, les chiens, les oiseaux de marais, les grenouilles, les chacals donnent tous de la voix dans la nuit et on a le sentiment d'une vie immense autour de soi, mais d'une vie primitive, infiniment lointaine dans l'échelle des progressions — presque lacustre.

Enfin nous sommes arrêtés à Aïn-Mellaha, qui est un point marqué par une fontaine jaillissante et par de l'eau épandue de tous les côtés sous les pieds de nos chevaux. Mais aucune tente n'y apparaît, et, comme tout à l'heure, notre guide lance de longs appels :

— Ho! Nagib! Ho!... Ho! Selim! Ho!... »

Nagib, Selim, etc., ce sont nos gens. De très loin, ils finissent par répondre. Ils dormaient là-bas, fort insouciants, dans un lieu à peu près sec qu'ils avaient choisi pour camper. Ne nous ayant pas vus poindre au crépuscule, ils ne nous attendaient plus.

Et nous nous endormons lourdement nous aussi, dans la blanche buée du Jourdain, sous nos tentes envahies par les rainettes vertes, les libellules et les sauterelles, tandis que le grand spectacle silencieux du lever de la lune commence sur les marécages.

VII

Lundi 24 avril.

Au matin, le soleil se lève pour nous seuls, rose et splendide sur un désert de roseaux; endormis avec le sentiment de ces milliers d'hommes à couronnes noires, qui s'agitaient dans nos alentours, nous sommes surpris de nous éveiller au milieu d'une mer d'herbages qui paraît vierge comme au commencement du monde; toutes ces tentes bédouines, que leurs feux trahissaient dans l'obscurité, semblent s'être évanouies au plein jour, cachées qu'elles sont à présent sous les joncs et les fenouils, redevenues aussi négligeables que les nids des insectes ou des oiseaux. Il y a de grands étangs tout couverts de nénuphars, des régions de fleurs jaunes, comme des marbrures d'or sur le vert des plaines, et de longs rideaux de papyrus dont on voit trembler au vent les aigrettes légères. La vie humaine se dissimule et se tait, tandis que des cavales libres, galopant avec leurs petits, s'amusent à tourner autour de nos chevaux entravés, qui hennissent et se cabrent. C'est la plénitude et l'ivresse des matins sauvages, sur une terre aux fécondités inépuisables; quelque chose comme devaient être, aux printemps préhistoriques, les levers du soleil sur les marais quaternaires.

Nous cheminons deux ou trois heures dans des terres grasses, au pied des montagnes occidentales de la vallée du Jourdain, le long des plaines de vase, le long des étangs voilés de hautes herbes où le fleuve se perd. Et deux fois nous sommes en détresse, nos chevaux enfonçant dans la boue jusqu'au poitrail.

Quelques arbres, presque les premiers depuis notre départ de Jérusalem, commencent à paraître sur notre route. Il y a çà et là, tout au bord des eaux, des groupes d'habitations de pêcheurs nomades, qui sont construites en claies de joncs et qui semblent tout à fait de petits villages lacustres. Il y a aussi des campements noirs, au milieu desquels des lances fichées en terre indiquent la tente du cheikh. Et les troupeaux de buffles, rares au commencement de l'étape, deviennent fréquents, puis innombrables.

En avant de nous, là-bas, toujours resplendit le

« Grand Cheikh de Neige », l'Hermon au manteau blanc, vers lequel nous marchons déjà depuis plus de deux journées.

Quand nous avons dépassé ce lac de Houleh, que Josué appelle la mer Mérom, les marécages cessent; le Jourdain, dégagé des eaux stagnantes, précise son cours entre des rideaux de papyrus, de peupliers et de trembles. Nous entrons vraiment dans une région d'arbres — dans une région de pierres surtout, de grosses pierres basaltiques grises, qui sortent par centaines des herbages, pareilles aux bufles et se confondant avec eux.

Ils relèvent leurs lourds museaux plongés dans les foins, tous ces bufles, pour nous regarder passer, et sur chaque bloc de basalte un énorme lézard, posé comme une figurine sur un presse-papier, nous salue de son continuel hochement de tête. De temps à autre aussi, quelque chacal en maraude de jour, se hâte à notre approche de regagner la montagne, marchant tout aplati, retournant vers nous son nez pointu pour s'assurer que nous ne le suivons pas.

Sur un vieux pont sarrazin, usé par le passage des caravanes d'autrefois, percé, ajouré, crevé, nous franchissons le fleuve bruissant, au milieu d'un fouillis de lauriers-roses et de papyrus.

Et notre halte méridienne est dans un site exquis, où s'élevait jadis la très antique ville de Lesem, colonie de Sidon; où plus tard des guerriers d'Israël (Josué, XIX, 47; Juges XVIII, 2 à 30), ayant passé au fil de l'épée les Lesemites, bâtirent une nouvelle ville qui prit le nom du patriarche Dan, leur ancêtre.

Sur un monticule, parmi des chardons et des broussailles d'épines, gisent par monceaux des blocs de basalte qui, regardés de près, montrent encore des formes taillées; c'est là ce qui reste de la ville de Lesem-Dan, du temple de l'idole de Michas (Juges, XVIII, 31) ou du temple du Veau d'or construit par ordre du roi Jéroboam.

Près de ces amas de silencieuses poussières, où aucun sentier ne conduit plus, nous nous reposons dans un éden de verdure, bien ombreux, bien sauvage, au chant des oiseaux, au bruit berceur des grandes sources qui s'en vont en cascade vers le fleuve. Au-dessus de nos têtes, deux arbres immenses font la voûte, un chêne et un térébinthe; des roitelets s'approchent, des lézards, des rainettes; et un caméléon descendu des branches se promène confiant sur nos tapis. — Nous avions oublié ce charme de l'ombre, de l'épaisseur des feuilles vertes, car ce sont des choses presque inconnues, dans la Palestine désolée...

Cette ville de Lesem-Dan, qui s'est éteinte ici il y a tant de siècles, était à l'époque des rois hébreux une importante place forte de la frontière septentrionale, et l'expression : « de Dan à Bersabée », qui revient souvent dans la Bible, signifiait en langage courant : « Dans la Judée tout entière ».

Continuant notre route du soir vers le Nord, nous allons donc sortir du vieux pays d'Israël, pour entrer sur le territoire des Gentils.

C'est au milieu des arbres, des arbres retrouvés et encore nouveaux pour nos yeux, que nous cheminons maintenant, nous éloignant des marais et du fleuve, nous élevant par des pentes douces sur les montagnes qui ferment à l'Est la vallée du Haut Jourdain. — Une sorte d'Arcadie pastorale, de Bétique délaissée et charmante, où courent en tout sens des ruisseaux clairs. Nous montons entre de vieux chênes, espacés comme dans un parc à l'abandon, et des aubépines prodigieusement fleuries, et d'autres arbres encore, d'une espèce inconnue, dont les grappes blanches sentent l'oranger ; par terre, ce sont les lins roses et les graminées fines, toute la flore des lieux secs de Galilée, revenue sous nos pas.

Vers trois ou quatre heures enfin, le fantôme de la Césarée-de-Philippe nous apparaît, dans la belle verdure d'avril, au pied de hautes cimes couvertes de buissons et de fleurs; des eaux vives bruissent partout alentour; le fracas des sources et des torrents anime seul ses environs déserts.

Il nous faut faire un détour pour visiter, avant d'entrer dans la ville, une grotte profonde, qui est un des sanctuaires païens les plus vieux de la terre, où se célébrait jadis le culte facile et voluptueux du Dieu joueur de flûte aux pattes de chèvre. A mi-hauteur, dans une montagne verticale, s'ouvre cette large entrée d'ombre, frangée de feuillages qui retombent en guirlande; une source s'en échappe et descend bouillonner sur des amas de colonnes et de ruines fleuries de lauriers-roses, enguirlandées aussi comme la grotte; et, à une centaine de mètres au-dessus, dans la même grande paroi rocheuse, perche au milieu des branches une vieille petite mosquée solitaire, au dôme et aux arceaux blanchis.

On n'oserait pas peindre cet ensemble, qui est d'un arrangement trop cherché; on craindrait de faire une œuvre surannée dans le genre de ces paysages du XVIIe siècle, où les cavernes, les cascades et les ruines se groupaient avec la plus complète invraisemblance. Mais la réalité de cela est charmante à regarder dans le silence de ces campagnes abandonnées; elle replonge la pensée au fond des vieux temps mythologiques; avec je ne sais quelle mélancolie, où peut-être un regret se mêle pour tant de belles formes humaines évanouies, elle fait mieux concevoir l'esprit des vieux cultes de la beauté et de l'amour...

La grotte, à présent, doit servir de refuge habituel aux bergers et aux menus troupeaux, car elle est remplie de ce fumier spécial que laissent les moutons ou les chèvres.

A côté de la grande entrée, dans les roches, sont taillées des niches votives, espèces de petites fenêtres d'un dessin antique. Et là, des inscriptions grecques ont résisté aux Juifs, aux Sarrazins, aux Croisés, à tout le cours du torrent humain; on peut encore y lire, entre autres mots plus confus, ceux-ci qui troublent et donnent le vertige des siècles: « Un tel, prêtre de Pan »!

Pour arriver à ce fouillis délicieux d'arbres et de fleurs, où Césarée sommeille au bruit de ses grandes eaux, il faut passer et repasser des torrents furieux qui bouillonnent alentour; les ponts, de l'époque romaine ou de la plus vieille époque sarrazine, jamais réparés, sont pleins de crevasses, dangereux et croulants; nos chevaux y marchent avec hésitation, effrayés par toutes ces musiques de cascades.

Avec ses remparts, ses machicoulis, ses portes

ogivales, la Césarée-de-Philippe ressemblerait presque à certaines vieilles villes fortes du midi de la France, si ce n'était ce délabrement suprême, cet air de mort au milieu de la vie si fraîche et si puissante des sources.

Au dedans, presque rien ; les huttes de boue des fellahs, greffées sur les ruines, avec un peu de chaux blanche, par place un peu de peinturlure orientale ; quelques Arabes drapés de laine, quelques femmes en robes de fraîche couleur, se tiennent assis à l'ombre ; on sent l'odeur exquise des orangers des jardins.

Nous traversons la ville à cheval, car nos tentes sont au delà, dans un champ.

La porte que nous allons prendre pour sortir est sanctifiée par la sépulture d'un cheikh très vénéré en Islam ; contre les remparts, dans un recoin ombreux, c'est un tombeau que recouvrent de vieilles étoffes, lavées et déteintes à la pluie ; un arbre séculaire étend par-dessus sa pesante ramure sombre, d'où pendent des lambeaux de robes et de burnous, accrochés là, en hommage au cheikh enseveli, par des passants pieux.

La porte sarrazine, presque inquiétante à franchir à cause de sa voûte brisée qui menace les têtes, est suivie d'un pont également sarrazin, qui traverse le plus bruyant et le plus beau des torrents d'alentour, tumultueux dans son lit profond. Remparts et porte ont été réédifiés jadis par-dessus les soubassements romains avec des débris de temples ou de palais : fragments de sculptures, employés au hasard ; colonnes de granit ou de basalte des églises, que les ouvriers en bâtissant ont posées de travers au milieu des murs comme par ironie. Puis tout cela, paisiblement, a vieilli ensemble, sous les lichens et les ronces, au bruit éternel des eaux...

Après le pont, s'étend une terrasse naturelle, tapissée d'herbe fine et toute émaillée de blanc par d'innombrables marguerites ; c'est là que nos tentes sont dressées.

Campement délicieux s'il en fut, où nous terminons le jour dans le sentiment d'une paix antique, baignés et rafraîchis d'eau vive, étendus comme des nomades au repos à l'entrée de nos maisons de toile. Derrière notre terrasse en fleurs, un bois d'oliviers épand son ombre noire ; à nos pieds, le torrent mène sa grande symphonie monotone, caché tout au fond de son abîme, parmi des retombées de verdures presque souterraines. Et devant nous, c'est le vieux pont, la vieille porte sarrazine, tout le fantôme charmant de la Césarée-de-Philippe ; puis l'éden désert des environs, et enfin l'amoncellement lointain des montagnes. Par ce pont, d'où retombent de longues traînes de feuillages, de temps à autre sort des ruines quelque cavalier qui caracole, le burnous envolé ; ou bien un pâtre qui s'en va chercher ses troupeaux aux champs ; ou encore quelque jeune fille, sa cruche à l'épaule : tout le petit va-et-vient de ce village perdu... Et jadis, les chevaliers croisés sont passés là, — et, sans doute, Jésus lui-même, avec sa suite de pêcheurs galiléens...

Des souffles très chauds, un peu amollissants, promènent la senteur des orangers, des foins et des menthes. Deux petites filles arabes, assises auprès de nous dans les marguerites, font voler, au bout de brins de laine, des hannetons verts...

Ensuite, vient l'heure encore plus apaisée du soir, qui va amener le retour des bergers, et nous rentrons dans l'enceinte des murs, nous mêler aux quelques rêveurs qui attendent là près de la porte ce spectacle de chaque fin de jour, abrités sous le grand arbre, autour du saint tombeau. Le lieu de leur réunion est déjà assombri, et ces haillons pendus aux branches, au-dessus du catafalque recouvert de drap fané, disent la persistance, à travers les temps, des fétichismes primitifs.

La sortie et le retour des bergers, c'est une des

fonctions importantes de la vie, dans cet orient pastoral, où tant de maraudeurs courent la nuit par les champs. Ils nous proposent, les hommes de Césarée, d'aller avec eux sur les murailles, pour voir de plus loin revenir les bêtes, et nous montons nous asseoir ensemble au couronnement brisé de la porte — groupe de robes colorées et de burnous parmi les herbes des ruines, parmi les pâquerettes blanches et les anémones rouges, regardant de haut les campagnes sauvages où le crépuscule tombe.

Les premiers arrivent, en galopant, une centaine de petits veaux, très gais, très comiques, la queue en trompette, seuls et sans gardiens ; mais, devant la porte, ils s'arrêtent d'eux-mêmes, bien sagement, comme pour attendre ; alors paraissent, plus posées et plus graves, les vaches leurs mamans qui marchaient derrière, suivies de la théorie archaïque des pâtres. Ensuite, c'est le lent fleuve noir des chèvres, pressées les unes contre les autres, en une seule masse bêlante ; puis ce sont les moutons et enfin les chevaux.

Quand les derniers sont rentrés, le crépuscule va mourir. Les torrents et les sources enflent tous la voix, aux approches des obscurités, des sommeils et des silences. Nous sortons de Césarée pour rejoindre nos tentes. On distingue encore dans l'herbe la blancheur des marguerites qui se courbent avec un bruit léger sous le passage traînant de nos burnous. Et on sent, sur ces campagnes, vides à présent de toutes les bêtes qui les animaient pendant le jour, planer le sentiment des antiques nuits pleines d'embûches, courir le frisson des vieilles peurs.

Sur l'avis de notre guide, nous avons demandé au cheikh du village de nous adjoindre des relèves de deux veilleurs armés, pour nous garder jusqu'au matin ; ce lieu, d'aspect pourtant si paisible, a moins bonne renommée que nos marécages d'hier, et on le dit visité fréquemment par les Bédouins pillards.

Les deux hommes de la première veille arrivent sitôt la nuit close ; leurs deux têtes brunes à dents blanches apparaissent ensemble à l'ouverture de ma tente et ils me montrent en souriant leurs massues énormes, garnies de pointes de métal comme les anciennes masses d'armes.

La lune ne nous éclairera que très tard et nous nous endormons au milieu du grand concert ininterrompu des eaux, dans des ténèbres étoilées.

VIII

Mardi 24 avril.

Longue étape à parcourir aujourd'hui et il faut se mettre en route dès l'aube. — D'abord, par des sentiers de chèvres qui montent en lacets très raides, nous nous élevons durant deux heures, au chant des oiseaux, dans une région d'arbres, coupée de sources et de ruisseaux clairs.

Sur une montagne, à notre gauche, des ruines farouches et immenses : c'est Kalà'at-Banias, une forteresse de jadis, aux dimensions presque surhumaines, comme les hommes de nos jours n'ont plus le temps d'en construire. Tant de fois prise et reprise au temps des Croisades par les Francs et les Sarrazins, parce qu'elle commandait la route de Damas à Jérusalem, elle est depuis des siècles abandonnée, et des brigands, dit-on, l'habitent aujourd'hui. Elle occupe autant de place qu'une ville. Des chênes et des térébinthes croissent au sommet de ses donjons noirs, qui n'ont plus à surveiller que des déserts.

D'un point culminant, une dernière fois nous apercevons les marais du Haut Jourdain, le pays humide des nénuphars et des papyrus ; c'est infiniment loin sous nos pieds, c'est comme un indécis océan regardé du sommet de quelque falaise gigantesque.

Nous sommes très haut ; l'air s'est refroidi et desséché.

Brusquement, plus d'arbres, plus de verdure, plus de fleurs, nous entrons de nouveau dans une région de pierres, dans une triste région chauve — et, à un tournant, tout à coup, le « Grand Cheikh de Neige », l' « Hermon au burnous blanc » se dresse inattendu et saisissant au-dessus de nos têtes, découpé en traits durs sur le ciel. Il est là tout près, lui qui avait semblé depuis trois jours nous fuir. L'air s'est glacé dès qu'il a paru ; on l'entend bruire de partout comme la mer ; son manteau d'étincelantes blancheurs fond sous le soleil, se dissout en d'innombrables cascades — qui s'en iront là-bas, dans les marécages, faire courir le Jourdain plus vite, après avoir joué de grandes symphonies, en chemin, autour de Césarée et de tant de ruines antiques.

Un village de boue et de pierres est accroché à ces flancs dénudés de l'Hermon; c'est Medjdel-ech-Chems, habité par des montagnards Druzes; pas un arbre, pas une plante verte alentour; dans cette région âpre, où souffle le vent des cimes, tout ce qui n'est pas blancheur de neige est grisaille brune de terre ou de basalte.

Comme nous passons au-dessous de Medjdel-ech-Chems, une jeune fille en descend, court à toutes jambes après nos chevaux, et nous ralentissons pour l'attendre. C'est une enfant de quatorze à quinze ans, coiffée d'un long voile de mousseline, un collier d'ambre au cou. Elle veut nous vendre des couteaux à manche de cuivre, en forme de poignard catalan, qui sont une spécialité des forgerons de son village. Nous n'en avions nul besoin, mais elle est si jolie avec ses doux yeux et ses bandeaux noirs, haletante, les joues rosées par sa course, que nous lui en achetons plusieurs.

Encore une heure ou deux, dans le voisinage intime de l'Hermon, au milieu de rudes défilés de pierres que les neiges dominent; partout les arêtes de la montagne commencent à saillir sous son manteau qui s'use, et on dirait de grandes vertèbres rougeâtres mises au vif parmi les magnifiques velours blancs. Autour de nous, les aspects sont violents et étranges : un ciel tout bleu, des cimes uniformément zébrées de blanc cru et de rouge sombre. Et les ruissellements d'eau froide, les cascades emplissent le silence d'un bruit continu comme celui des grèves.

De ces hauteurs, nous avons par instants vue à à vol d'oiseau sur la Gaulanitide et l'Iturée (aujourd'hui le Djaoulan et le Djedour), contrées encore mystérieuses qui ont échappé aux explorateurs modernes; depuis le temps des Croisades, où elles formaient le « pays de Suet » relevant des princes de Galilée, on ne sait plus guère ce qui s'y passe. D'où nous sommes, elles semblent de confuses tourmentes de basalte.

Et enfin les plaines de Damas s'ouvrent devant nous, très désolées, sous des aspects de déserts gris. Cela nous surprend, de voir le pays tant s'assombrir aux approches de cette « Reine d'Orient », chantée par les vieux poètes et vers laquelle nos imaginations commencent d'être tendues... Pas un arbre, pas un village dans ces plaines; à peine quelques zones verdies par les herbes ; et des pierres, des pierres indéfiniment, un monde de basalte comme le Djedour.

Il est quatre ou cinq heures du soir quand nous arrivons au lieu fixé pour notre campement de nuit :

un mélancolique hameau druze, très solitaire, très perdu, appelé Kefr-Haouar.

Nos mules, qui, à notre grande inquiétude, ne nous ont pas dépassés pendant la halte méridienne, ne paraissent pas encore. Se sont-elles trompées de chemin, ou bien nous les a-t-on prises, avec nos bagages et nos tentes?

N'ayant pas d'abri, nous nous asseyons sur des pierres pour attendre. La région est encore extrêmement élevée, voisine des grands sommets glacés; un souffle qui vient des neiges nous transit, après la marche du jour.

Les hommes du hameau — dix ou douze figures demi-sauvages dans les plis enveloppants de leurs voiles bruns ou rouges — viennent s'informer d'où nous arrivons, puis s'asseyent à l'écart. Sept petites filles descendent ensuite, se tenant par la main, presque toutes délicieuses : voiles de mousseline blanche, longs pantalons à la syrienne; vestes jaunes, vert d'eau ou roses, très courtes, finissant sous les bras. Elles s'asseyent aussi et nous regardent. Nous sommes dans un cimetière sans enclos, où les tombes s'espacent sur une herbe courte; pauvres tombes de villages, faites avec de la boue durcie, en forme de cercueil, une petite stèle à chaque bout comme une paire d'oreilles dressées.

Nos alentours sont âpres et dénudés. Derrière nous, sur des pierres plus hautes, les groupes des gens de Kefr-Haouar se tiennent immobiles; leurs maisonnettes de boue s'étagent au-dessus d'eux, et les neiges des sommets couronnent cet ensemble farouchement triste.

Nous regardons au fond des lointains, guettant des yeux tout ce qui a l'air de s'y mouvoir. Une fois, c'est un cavalier du pays qui s'en revient de Césarée; ou bien des troupeaux qui rentrent; mais nos mules continuent à ne point paraître.

Près du hameau, gisent les ruines d'un temple énigmatique, attribué aux Romains par certains archéologues, et, par d'autres, aux Grecs Séleucides. Il y a aussi, dans un repli des terrains pierreux, une sorte de petite oasis septentrionale, un peu d'eau parmi de frêles peupliers qui commencent à peine à verdir.

Le jour s'en va; les neiges éteignent leur blancheur dans des bleuâtres glacés et morts, sous un ciel rose. Une chouette discrètement jette un premier petit « Hou! » comme un signal, et bientôt, de tous les côtés de la solitude, les autres se mettent à chanter.

Enfin, enfin voici poindre notre caravane, après douze heures de route!

Nos muletiers tout de suite nous expliquent ce retard : une des mules a roulé avec sa charge dans un torrent et s'est cassé les pattes. Heureusement a-t-on pu la remplacer ; on en a loué une autre, à une caravane de Damas qui passait par aventure ; — mais le marché a été long, la discussion difficile.

Je demande alors ce qu'est devenue la pauvre blessée, et on est fort étonné que je m'en inquiète : « Eh bien, mais... puisqu'elle ne pouvait plus servir, on l'a quittée là, voilà tout. » Sans avoir même la pitié de l'achever, ils l'ont laissée comme chose perdue ; et elle, comprenant peut-être, aura vu s'éloigner ses compagnes de misère, avec la conscience de l'abandon suprême...

En hâte, en fièvre comme toujours, nos hommes jettent à bas les charges de leurs bêtes pour monter nos tentes ; c'est dans le lieu habituel des campements à Kefr-Haouar, sur une sorte de pelouse. Mais une de ces bandes Cook, qui sillonnent à présent la Palestine, y est passée ces jours-ci, en marche idiote vers Damas, et l'herbe en garde les traces : boîtes de conserves, épluchures, inqualifiables lambeaux du *Times*... Avec effroi nous faisons recharger et reporter notre bagage plus haut, dans le cimetière : en Orient, on n'est pas profanateur pour camper parmi les tombes.

IX

Mercredi 25 avril.

Au matin, ce lieu triste s'égaye pour une heure. Un coucou chante le printemps dans le petit bocage de peupliers isolé au milieu de ce pays de pierres, et là-haut les neiges étincellent. Les hommes du hameau descendent s'asseoir comme hier, pour nous regarder partir ; puis, les sept petites filles, avec leurs mêmes petits corselets, viennent prendre place aussi, bien serrées les unes aux autres, comme une brochette d'oiseaux des îles.

Et nous nous mettons en route au milieu des pierrailles grises, où se croisent d'à peine visibles sentiers.

Devant nous, les ondulations désolées des terrains suivent une pente générale descendante; puis, de grandes étendues plates, sombres, mornes et vides se déroulent, bordées infiniment loin par des blancheurs qui sont les neiges de l'Anti-Liban.

Très touchants, deux personnages qui passent près de nous et nous saluent : deux vieux époux druzes, septuagénaires pour le moins, voyageant enlacés sur la même haquenée; l'homme encore droit et noble; la femme aux cheveux tout blancs, assise en croupe derrière lui et le tenant avec tendresse par la taille. Où vont-ils au milieu de ces solitudes ; quelles joies, quelles espérances ont-ils encore ? Quelle a été, dans ce pays de lutte, la vie de ces deux êtres simples, si unis d'âme et de corps jusqu'à la vieillesse dernière ?...

Sauf quelques passants que l'on croise, Syriens et Syriennes sur des ânons, Druzes à cheval ou à chameau, c'est le désert revenu ; c'est, avec moins de lumière, la même mort qu'en Arabie ou en Idumée. Et il semble que ce soit là une préparation de plusieurs heures, ménagée habilement pour rendre plus saisissante, après, la fraîche apparition de l'oasis de Damas.

Vers midi, au fond des plaines grises, quelque chose d'étonnant se colore ; une zone verte, non pas de ce vert intense que prennent les pays des Tropiques ou même les oasis du Sud, mais d'un vert clair, clair comme celui des émeraudes pâles; quelque chose qui doit être une forêt d'arbres annuels, dans une délicate et rare fraîcheur d'avril; une forêt touffue, compacte, du milieu de laquelle semblent émerger — mais tout petits encore, incertains, perceptibles seulement grâce aux transparences de l'air — les dômes et les minarets innombrables d'une ville rose, rose de saumon, rose de chair dorée...

En approchant davantage, nous voyons la ville enchantée, si lointaine, plonger peu à peu, s'abîmer dans l'épaisseur du bocage, dans la forêt mystérieuse dont les bords au contraire grandissent, prennent toujours plus d'importance et de hauteur à nos yeux.

Et bientôt, elle a même disparu tout à fait, cette ville rose, noyée dans les verts printaniers; on doute si réellement on l'a aperçue; plus rien, que les profondes ramures qui la gardent...

De premiers bouquets d'arbres, des peupliers, des trembles, semés dans la solitude aride, sont maintenant sur notre route, comme des avant-coureurs de l'éden. Et des petits ruisseaux empressés, bruyants, peuplés de tortues noires, entourés d'anémones fleuries et de figuiers, se hâtent vers les grands bois où Damas nous est apparue, comme vers un rendez-vous général de toutes les eaux de cette contrée.

Il est environ trois heures quand nous arrivons enfin à ces puissantes masses de verdure qui doivent recéler la ville couleur de chair. Un village est là, à l'entrée de ces bois, tout rose lui aussi ; de près, par exemple, il a un air sauvage qui sent la proximité des grands déserts, entièrement construit à la manière arabe primitive, maisons, mosquées et minarets, en une même boue séchée au soleil et mêlée, dirait-on, d'ocre et de carmin.

Une ombre exquise tout à coup nous enveloppe. Nous sommes entrés dans ces vergers qui entourent la ville sur une épaisseur de plus d'une lieue, dans ces célèbres jardins de Damas renouvelés éternellement, et chantés, aux siècles lointains, par les vieux poètes de l'Islam.

Là-dessous s'en vont, entre des petits murs de boue carminée, des chemins bordés de fleurs, et surtout bordés de ruisseaux ; partout ici l'eau circule à profusion, et l'air est rempli des bruits joyeux de sa course. Le bocage si vert se compose de peupliers, de noyers, d'amandiers, de figuiers et de grenadiers, tous en plein luxe de feuilles nouvelles ; à leur ombre, ce sont des champs de blé ou des champs de fèves, mêlés de coquelicots, d'iris et d'anémones. Et des oiseaux chantent par milliers dans les branches ; une immense musique de volière, en trilles et en vocalises, par-dessus l'accompagnement monotone des sources, succède aux calmes morts de tout à l'heure.

Mon Dieu, peut-être n'est-ce pas plus beau ni plus frais que certains de nos vergers d'Europe ; mais c'est plus surprenant ici, au milieu de ce pays de pierres desséchées et au seuil des déserts. Si déjà cela nous semble délicieux, après nos quelques heures de route dans les plaines de basalte, combien doivent le trouver rare et paradisiaque les visiteurs habituels de Damas, qui sont des gens de Palmyre, de Bagdad ou de l'Orient encore plus profond, venus en cheminant de longs jours à travers le silence des solitudes !

Il y a quatre ou cinq mille ans bientôt que cette oasis est citée dans les annales humaines, toujours pareille sans doute, se couvrant à tous les printemps des mêmes feuilles claires, attirant les nomades des déserts à son ombre et enfermant sans cesse une ville qui déjà se nommait Damas aux époques presque légendaires d'Abraham (Genèse, XIV, 15).

Elle a connu toutes les splendeurs et toutes les épouvantes, cette ville encore invisible vers laquelle nous marchons sous l'épaisseur des verdures. De grands conquérants y sont venus et s'y sont arrêtés charmés ; elle a été bâtie et rebâtie en des styles pompeux d'autrefois, — et les Turcs, ses maîtres d'aujourd'hui, l'appellent encore « perle et reine d'Orient, paradis du monde ». D'après les traditions rabbiniques, elle fut fondée, à d'imprécises époques entourées de nuit, par Our, arrière-petit-fils de Noé. Tributaire, puis rivale de Jérusalem, elle était déjà séculaire plusieurs fois quand elle eut une première apogée indépendante, il y aura tantôt trois mille ans; elle déclina ensuite, en devenant assyrienne sous Téglath-Phalasar (733 ans avant Jésus-Christ), et enfin, après des vicissitudes et des tourmentes sans nombre, elle était romaine — avec une superbe voie droite plantée de colonnes comme Samarie et Palmyre — quand saint Paul y vint prêcher l'Évangile nouveau.

De très bonne heure, elle fut chrétienne en même temps que Byzance et vit s'élever dans ses murs cette somptueuse église de Saint-Jean qui devait plus tard devenir la mosquée des Ommiades; mais elle tomba, comme l'Empire grec, aux mains des musulmans, quand ceux-ci, dans un essor admirable, prirent la tête du mouvement humain; capitale alors du sultan Mohawiah, elle devint une Damas différente et se couvrit de palais, de mosquées, de fontaines où miroitaient des céramiques exquises. Supplantée bientôt par Bagdad, elle passa successivement au pouvoir des Ommiades, des Abbasides, des Seldjoucides et de tant d'autres dominateurs magnifiques. L'ouragan des Croisades l'effleura à peine : tributaire, puis alliée des Francs, elle fut défendue contre eux par le grand Saladin, qui y repose aujourd'hui dans un kiosque de faïence. Prise plus tard par les Mongols, ravagée par les Tartares, elle flamba enfin tout entière, sauf ses mosquées saintes, au commencement du xve siècle, dans l'immense incendie allumé par Tamerlan, qui passa tous ses habitants au fil de l'épée.

Cela semblait l'anéantissement décisif, mais elle se releva encore, grâce à ses eaux inépuisables et à sa délicieuse oasis qui reverdissait toujours, invitant au repos les riches caravanes du désert. Et elle resta le grand centre du commerce avec la Perse, les bords de l'Euphrate et les Indes; les Turcs, qui la prirent au xvie siècle, la trouvèrent de nouveau florissante et luxueuse derrière ses éternels rideaux d'arbres. Mais, de chrétienne qu'elle avait été au début de notre ère, elle s'était faite intransigeante musulmane, fanatique et fermée; elle eut même, il y a trente-cinq ans à peine, un vertige de meurtre, et le sang coula plein ses rues : quinze ou vingt mille chrétiens furent égorgés dans ses murs ou aux alentours. — Depuis ce massacre, qui sera peut-être le dernier, elle commence à s'ouvrir peu à peu aux voyageurs et aux idées d'Occident...

Voici une heure bientôt que nous cheminons dans les fleurs, au bruissement des eaux courantes, au chant des pinsons, des merles et des fauvettes, sous le couvert ombreux des branches, et les minutes nous durent de ne pas arriver encore à cette grande ville rose, entrevue de là-bas, du désert, et puis si rapidement cachée...

Une rivière est maintenant devant nous, rapide, coulant en hâte extrême comme tous les ruisseaux de cette oasis. Il y a le long des berges de jeunes peupliers frêles; il y a surtout de surprenantes quantités de femmes turques, assises en rang serré à l'extrême bord, prenant le frais, les pieds presque trempés dans le courant ; elles sont enveloppées sous des voiles en soie des plus éclatantes couleurs, lamés d'or : des fantômes bleus, des fantômes roses ou amaranthe ; d'autres qui sont d'un vert-céladon, d'un jaune-soufre, ou d'un orangé violent. Autour d'elles s'ébattent leurs petits, en robes, en fez, en burnous, — et c'est un éblouissement comme à la fin d'une féerie.

Mais hélas! derrière les belles voilées, peu à peu Damas se découvre : un pont en fer, une gare en construction, des hôtels Cook et des fiacres.

Comment, il y a de ces choses, ici! Est-ce que vraiment c'est cela, l'entrée de la merveilleuse ville rose qui se nomme encore Perle et Reine d'Orient!...

L'ensemble toutefois demeure oriental, comme arrangement et comme peinturlure, et on n'aperçoit encore nulle part, même pas sur le siège des fiacres, nos tristes costumes d'Europe.

Des cafés turcs partout, sous les jeunes arbres, auprès des eaux vives ; des divans de velours rouge alignés à l'ombre, sur lesquels des centaines de rêveurs en longue robe et en turban fument des cigarettes ou des narguilhés.

C'est égal, avec ce nom de Damas, évocateur presque autant que celui de Bagdad, nous attendions une ville farouche et murée — dans le genre de Fez ou de Méquinez, les cités saintes du Moghreb. Et nous trouvons le mouvement, la gaîté d'une ville quelconque accessible à tous, d'une ville qui sera bientôt aussi européanisée que Constantinople, sans avoir jamais eu le décor incomparable du Bosphore, ni les sombres beautés de Stamboul, du Vieux-Sérail et des grands murs.

Et l'hôtel est là, devant lequel nous descendons de nos chevaux, un peu ahuris, un peu consternés ;

un grand hôtel levantin, où le personnel est encore arabe, où il y a encore pas mal de chaux blanche par endroits, mais surtout beaucoup de badigeon, de tableaux et d'ornements atroces.

X

Jeudi 26 avril.

De l'Orient gai, une ville musulmane riante et ouverte, je n'imaginais pas cela avant Damas — qui connaîtra même bientôt les joies supérieures d'un chemin de fer.

Ce n'est pas qu'il ne reste encore des étrangetés charmantes, dans ce labyrinthe de petites rues occupant, au milieu de l'oasis, l'espace d'une capitale. Le quartier des hôtels, où nous avons mis pied à terre en arrivant et qui a tant déçu nos yeux, n'est qu'une sorte d'entrée négligeable, à l'aboutissement de la voie qui relie la ville au grand port européanisé de Beyrouth ; aussitôt après, l'Orient reprend ses droits et le passé vous ressaisit.

Comme dans tous les pays de l'Islam, le point où se concentre la vie, c'est le bazar, en dehors duquel ne s'étendent plus guère que d'étroites ruelles couvertes, des murailles de jardins ou de palais, puis de primitives banlieues construites en terre rose et sentant le voisinage des déserts.

Le bazar, lieu immense où l'on se perd, dans la constante pénombre des voûtes. Avenues de mille mètres de long, bordées d'innombrables échoppes où miroitent les choses orientales : les armes, les faïences, les meubles peinturlurés ou incrustés de nacre ; les cuivres, ciselés fin comme des dentelles ; les costumes de nuances rares ; les étonnantes indiennes bariolées dont s'habillent les gens du peuple, ou bien les belles soies de Brousse et les soies de Damas ; puis les soies d'Alep qui, sur des fonds d'exquises couleurs, sont semées de flammèches blanches.

Comme chez nous au moyen âge, les marchands sont groupés par catégories : il y a, dans le vieux labyrinthe obscur, le quartier des drapiers, le quartier des armuriers, le quartier des orfèvres et le quartier des guenilles... Celui des selliers, qui est plus à ciel libre, coupé de fontaines et de platanes géants, contient toutes les fantaisies arabes pour chevaux, mulets, ânons ou chameaux ; tout ce dont il est d'usage d'affubler les bêtes, entre Damas et Bagdad : selles en velours chamarré d'or ou bien en peau de panthère ; broderies de perles et de coquillages ; chapeaux à plumes pour chameaux, tétières extravagantes ornées de glands, de clochettes et de petits miroirs où joueront en route les reflets des soleils.

De cinq cents lieues à la ronde, du fond des déserts, on s'approvisionne dans ce prodigieux bazar. Alors, c'est une babel de discussions, un musée de visages et de costumes. Des Bédouins, des Syriens, des Druzes; des Turcs en robes de soie de toutes couleurs ; de nobles émirs entièrement vêtus de cachemire indien ; des figures lointaines, des yeux de mystérieuses ténèbres, et des têtes inquiétantes, énormes sous l'enveloppement des turbans ou des voiles.

Dans les parties moins éclairées où se vendent les soieries, les femmes affluent comme des légions de fantômes. Chrétiennes enveloppées de longs suaires blancs, mais laissant voir leur joli visage et leurs noirs cheveux où sont piquées des roses naturelles. Musulmanes pareillement drapées, mais dans des soies de nuances vives, et les traits cachés sous d'impénétrables mousselines sombres où deux trous sont percés pour les yeux comme dans les cagoules ; — souvent elles portent au cou, celles-ci, des bébés adorables, aux yeux déjà peints et allongés jusqu'aux tempes, aux étonnants minois de poupée.

Et des voitures s'en vont ventre à terre au milieu de tout ce monde ; des cavaliers se débattent, le manteau au vent, sur des chevaux rétifs ; on se gare comme on peut des coups de tête et des ruades. Des caravanes aussi passent, en files lentes et toujours solennelles ; ou bien de pompeux chameaux pour dames de harem, enguirlandés de perles des pieds à la tête, et portant sur le dos ces édifices légers qui les font ressembler à des papillons gigantesques.

Et dans l'encombrement étrange circulent, avec leurs cris d'appel, des petits marchands de bonbons et de sucreries ; d'innombrables petits marchands de limonade glacée, portant leur boisson dans un baril de verre orné de pendeloques en cuivre ou en perles, et faisant claquer, avec un bruit de cymbales, leurs bols de faïence pour attirer les buveurs.

Çà et là, des boutiques de fleurs s'improvisent par terre ; bouquets qui embaument, composés bizarrement d'orangers et de soucis ; petits jasmins ou petits rosiers tout fleuris dans des pots. Autour des vendeurs, les femmes stationnent — et quelque clair rayon de soleil filtre des voûtes, des toitures de bois, pour tomber, au milieu de tant d'ombre, sur les voiles lamés d'or des acheteuses ou sur leurs touffes de roses...

Et il faut voir, parmi ces foules charmantes, les

airs à la fois conquérants et protecteurs de quelques imbéciles en veston et chapeau, récemment venus de Beyrouth pour les travaux du chemin de fer ! On sent qu'ils ont conscience de tenir en main le flambeau de la civilisation; d'apporter, dans cet Orient des Soliman et des Saladin, nos joies occidentales, le charbon de terre, les empressements et les explosifs...

Une clameur d'ensemble, dissonante et gaie, s'échappe de ce lieu tout entier. Discussions, rires, cris chantés, se mêlent à des tintements de clochettes ou de tasses heurtées, à des aboiements de chiens, des hennissements de chevaux, ou au murmure de cette eau intarissable et sans prix, qui est tout le secret de la vie persistante de Damas et qui se divise sous ses rues en des myriades de petits torrents frais. Puis, aux heures fréquentes de la prière, la voix des muezzins tombe de tous ces minarets, qui sont là-haut mais qu'on ne voit pas : chant du grand mystère, versant à flots l'inexprimable mélancolie de ses fugues en mineur ; chant de rappel à ceux qu'étourdissent les mirages transitoires des choses ; chant du recueillement, chant de la mort...

Et de distance en distance, rompant la monotonie bariolée des échoppes, dans une trouée d'ombre, au fond d'une vieille cour interdite aux infidèles, apparaît un kiosque funéraire ; ou bien simplement le plus humble catafalque de quelque émir d'autrefois, au milieu de pieux drapeaux décolorés par les ans.

Des débris des vieux âges surgissent aussi, de dessous la Damas de nos jours ; gigantesques colonnes encore debout, dont la tête dépasse les oppressantes petites toitures des rues et dont la base doit plonger dans le sol profond ; restes d'arcs de triomphe ou de temples superbes, contre lesquels sont venues s'appuyer des maisonnettes de terre, déjà âgées de plusieurs siècles à présent ; confuses et énormes ruines, dont on aperçoit ou devine partout les fondations, sous la ville de boue rose qui a succédé aux splendeurs d'autrefois.

Ville essentiellement bruyante que Damas. Le soir, quand s'apaisent les cris des hommes et ceux des nuées de martinets en tourbillons noirs dans l'air, les eaux courantes enflent partout leurs sons de cristal, les grenouilles entonnent dans l'oasis un concert immense, les chiens errants commencent leur ensemble nocturne — et toujours, aux heures consacrées par la coutume millénaire, les muezzins chantent, dominent tout de la délicieuse tristesse de leur voix.

XI

Damas, vendredi 27 avril.

Comme d'un rêve des Mille et une Nuits, je me souviendrai d'être entré un matin de printemps dans la maison du pacha Abdullah.

Un vieux quartier à mine farouche, celui des riches et des seigneurs. De sombres murs pleins de mystères et de menaces. Une porte de forteresse ; puis des petits couloirs de casemate, coudés, détournés comme pour être moins pénétrables. Et, tout à coup, des jardins enchantés, entre de fines colonnades de marbre blanc ; un éden d'arbres fleuris au milieu d'un décor du vieil Orient merveilleux.

Un janissaire du pacha me précède dans la silencieuse demeure ; il jette d'instants en instants devant moi un haut cri d'alarme, pour faire, comme l'étiquette l'exige, rentrer et cacher les femmes du harem. Et la répétition de cet avertissement lugubre au milieu du jardin vide me donne l'impression d'entrer comme un sacrilège dans quelque royaume de fées ne devant pas être vues; involontairement je cherche des yeux les houris mystérieuses...

Le pacha me reçoit dans une salle digne d'Aladin, composée, suivant la mode damasquine, de deux parties bien distinctes et de niveau différent: la première, celle de l'entrée, ne contenant qu'un jet d'eau dans une grande et superbe vasque de marbre; la seconde, celle du fond, plus haute de deux ou trois marches, meublée de divans et de coussins auxquels cette élévation donne des airs de trône.

Les parquets sont de mosaïques de marbre; sur les murs, les mosaïques plus fines et mêlées de nacre alternent avec des panneaux de ces faïences dont la fabrication s'est perdue depuis le passage destructeur de Tamerlan; chaque panneau, encadré d'arabesques d'un dessin rare, représente une gerbe, un buisson de chimériques fleurs s'échappant de quelque vase étrange, au long col frêle. Les très hauts plafonds, coloriés et dorés, à rosaces, à coupoles, sont d'une complication géométrique inimaginable, d'une extravagante fantaisie de kaléidoscope; délicieusement fanés, du reste, et maintenus dans une pénombre lointaine au-dessus des choses par un habile éclairage qui vient d'en bas. Des niches murales contiennent des narguilhés qui scintillent de pierreries, des aiguières d'argent qui sont couvertes de grosses turquoises, comme de gouttes de lait bleu. Et, sur les coussins, sur les divans, ce sont d'introuvables velours anciens, des broderies comme il n'en existe plus...

Tout le luxe vieilli, mais intact encore, de cette ville de richesse et d'art — qui en est, hélas! à son grand soir, à son inévitable déclin. Et cela donne sur la colonnade et sur les citronniers fleuris du vieux jardin si fermé...

Mais pour moi, le rêve, la féerie doivent tourner court et s'arrêter là. On ne me montre qu'un décor vide, où les personnages, terrorisés par l'étranger que je suis, ne paraîtront pas. Et je sens que ma présence, bien que très courtoisement subie, ne saurait être prolongée.

Dans le même quartier se dissimulent beaucoup d'autres demeures de ce genre, conçues d'après des plans presque invariables; mais moins magnifiques cependant et moins complètes que celle-là, et puis, déshonorées déjà un peu par des importations atroces, pendules en simili-bronze, lampes à pétrole ou suspensions de salle à manger.

Et que sera-ce l'an prochain, quand le chemin de

fer terminé vomira journellement sur Damas toute la camelote occidentale !

Une rue droite, de deux kilomètres de long, sépare les quartiers musulman et chrétien du quartier juif. Ce sont les Romains qui l'ont tracée, comme à Palmyre; on y aperçoit encore des débris de leurs pompeuses colonnes. Et elle a résisté, à travers les siècles, à l'usage oriental des contournements et des labyrinthes.

Les riches d'Israël qui habitent de l'autre côté de la grande voie possèdent eux aussi des maisons remarquables; mêmes entrées méfiantes que chez les mahométans, mêmes jardins murés, mêmes fontaines jaillissantes dans des bosquets de citronniers et de roses. L'accueil cependant diffère; là, ce sont les femmes qui vous reçoivent, empressées, curieuses, et vêtues pour la plupart à l'européenne, suivant des modes excessives où un peu de barbarie se mêle encore. Les salles d'apparat se composent aussi de deux parties d'inégal niveau, dont la première contient l'inévitable jet d'eau dans sa vasque de marbre; mais la décoration n'est plus arabe; elle est Louis XV, Pompadour. Chez l'un des princes de l'or, du haut en bas des murs, les coquilles, les rocailles, les guirlandes, sont sculptées en plein marbre, avec une réelle magnificence, dans des blancheurs de neige.

Et c'est inattendu de rencontrer, si loin, l'exagération de nos styles surannés ; tout cela du reste, à côté de la pureté géométrique, immatérialisée, de l'art oriental, semble lourd et sensuel.

Les jets d'eau, les orangers et les roses, on les retrouve ici dans les habitations les plus modestes ; Damas est par excellence la ville de l'eau vive et des fleurs.

Après les quartiers des riches et des marchands, commencent d'inextricables banlieues tout de suite sauvages, étendues jusqu'à l'ombreuse ceinture des jardins et des bois : maisonnettes construites toujours en ces mêmes boues carminées qui sont ici les matériaux les plus usuels et qui, de loin, donnent à Damas sa féerique couleur ; en général, ni toits visibles, ni fenêtres ; rien que des vieux murs informes et roses que couronnent des séries de gargouilles ; partout les mêmes petites ruelles farouches, couleur de saumon, contournées, déroutantes, sans issue, où ne se promènent guère que de maigres chiens en quête de pâture.

Damas, par exception, n'a presque plus de murailles. Il lui manque ces hauts murs crénelés qui, d'ordinaire, enferment si jalousement les villes musulmanes.

Du côté du Levant et du Sud, des parties de ses

anciens remparts se voient encore ; mais elle communique en toute liberté, par des centaines de rues ou de chemins, avec les verdures de son oasis. Elle a des jardins à l'infini, sous une interminable voûte d'arbres; des jardins particuliers — des jardins publics aussi, pleins de buissons de roses, avec des ruisseaux toujours rapides et clairs, avec des petits kiosques pour le café et des divans rouges groupés à l'ombre; et les femmes viennent là s'asseoir, écouter bruire l'eau précieuse, fumer le narguilhé favorable aux songes, ou bien causer et rire : presque toutes jolies d'ailleurs, celles qui se laissent regarder, chrétiennes ou juives, le voile tombé jusqu'à l'épaule, les cheveux piqués de fleurs de jasmin, et un lourd collier d'ambre sur la gorge.

Damas est bien en effet la ville gaie qu'elle nous avait paru dès l'abord. On a beau la savoir fanatique à ses heures, on y sent à peine l'oppression charmante et sombre de l'Islam ; si elle est encore reine orientale, c'est surtout par le coloris et la diversité de ses costumes, éclatants sur le rose de ses murs et sur le vert de ses bois. Elle est ouverte, sans cesse animée de va-et-vient, de caravanes, de transactions et de bruit. Et ses rideaux d'arbres lui cachent la désolation des grands déserts.

Un pacha infiniment distingué — qui parle français et qui veut bien me savoir gré d'avoir affirmé dans quelques livres mon attachement à sa patrie — se constitue notre guide pour les mosquées, sa présence et nos costumes nous facilitant l'accès dans toutes.

Damas qui, sur ses cent trente mille âmes, a bien quatre vingt-dix mille musulmans, renferme environ deux cent cinquante mosquées où se murmurent de continuelles prières. Mais la grande et la célèbre, celle des Ommiades, qui avait treize siècles, qui était une des merveilles de l'Orient, a pris feu l'an passé et n'est plus qu'un amas de ruines.

Il est d'usage de quitter ses babouches dès la première porte de ces sanctuaires, et de ne s'avancer que pieds nus sur les dalles de marbre des tranquilles cours, où, du matin au soir, tant de turbans se tiennent inclinés dans le recueillement et le rêve.

Le luxe de ces mosquées consiste surtout dans leurs céramiques, qui sont sans prix aujourd'hui : vieux carreaux de Damas que, depuis bientôt quatre cents ans, on ne sait plus faire et qui sont devenus des choses presque sacrées — tellement que les étrangers n'ont même plus le droit d'en emporter des débris achetés à prix d'or dans les bazars. Auprès de ces faïences-là, on trouve laides et vulgaires celles qui s'emploient dans le Moghreb, toutes celles qui décorent les murs des palais de l'Algérie ou du Maroc et qui sont en général de fabrication italienne du xviie ou du xviiie siècle.

Dès l'entrée, on les voit apparaître, ces faïences d'autrefois; sous les vénérables arcades des cours, au milieu des blancheurs mates de la chaux, elles forment çà et là de grands panneaux d'un coloris inimitable; le plus souvent elles représentent, au milieu d'une sorte de portique festonné comme ceux des tapis de prière, d'étranges fleurs groupées d'une manière rigide, presque hiératique. Et, dans l'intérieur silencieux des mosquées, dans la pénombre des vitraux épais, on les retrouve encore, éternellement fraîches, parmi les mosaïques plus éteintes ou les broderies décolorées.

Toujours pleines de fidèles en prières, ces mosquées de Damas; constamment des hommes y viennent s'agenouiller sur les vieux tapis précieux, avec une humilité simple et profonde. Quelques-unes sont peu accessibles et peu connues, et ceux qui y prient ne lèvent même pas la tête vers nous, ne croyant point encore aux visiteurs étrangers. Elles donnent, celles-là, de pures impressions d'Islam, des apaisements résignés qui se mêlent inexplicablement à des tristesses sans bornes...

XII

Samedi 28 avril.

Au centre de la ville, gisent les ruines toutes fraîches de la grande mosquée, qui fut jadis l'église de Saint-Jean-de-Damas, contemporaine de Sainte-Sophie et des basiliques de Constantin, célèbre par ses colonnes de marbre et ses mosaïques d'or, puis qui devint l'un des sanctuaires les plus saints de l'Islam, le troisième en vénération après ceux de la Mecque et de Jérusalem.

Il y a sept ou huit mois, en plein midi, le feu prit on ne sait comment, dans sa charpente desséchée, et, d'une façon soudaine, en quelques minutes tout flamba comme une pièce d'artifice; puis, dès que la toiture fut effondrée, commença l'anéantissement imprévu de ces colonnes, qui valaient chacune le prix d'une ville et que les constructeurs avaient enlevées à des temples antiques; déséquilibrées tout à coup, elles tombèrent les unes contre les autres et se brisèrent sur les dalles, irréparablement.

Depuis, on a tout laissé tel quel, en attendant une décision du khalife; mais les hommes de nos jours n'ont plus les moyens de refaire de telles magnificences, et c'est d'ailleurs bien dans le sentiment de l'Islam de se soumettre en baissant la tête devant les destructions qui semblent fatales.

La cour de la mosquée, qui subsiste toujours, a l'étendue d'une place de grande ville entre ses rangées d'arcades blanches. Pieusement on se déchausse encore pour y entrer, bien qu'elle soit semée de pierres et de décombres — et aujourd'hui même de nombreux fidèles y sont prosternés le front contre terre.

Mais, dans la partie qui fut le sanctuaire des Ommiades, on a cessé de venir prier, à cause des amas de débris et des colonnes abattues. Çà et là, décorant des arceaux demeurés debout, brillent des restes de mosaïques: sur des fonds d'or byzantin, quelques raides palmiers ou des branches de naïves fleurs. Et par terre, les milliers de petits morceaux scintillants, dont ces mosaïques avaient été si patiemment composées, couvrent, saupoudrent les tas de plâtras et de planches noircies; on dirait qu'une grêle est tombée ici, une grêle de marbre vert, de porphyre et d'or.

Dans les dépendances épargnées par l'incendie, où nous pénétrons avec notre ami le pacha, au fond d'un vieux kiosque funéraire très mystérieux, qui renferme une source d'eau miraculeuse, on nous montre la châsse d'argent où est gardée la tête d'Husseim, prophète et martyr.

Au grand minaret, nous montons par d'étroits escaliers noirs, usés, luisants de frottements humains. Quand nous sommes en haut, dominant les ruines de la mosquée et tout le déploiement de la ville couleur saumon, il est l'heure de la quatrième prière du jour ; alors, une dizaine de muezzins, qui étaient montés derrière nous, apprêtent tous en même temps leurs mains en porte-voix contre leur bouche.... D'ordinaire, on n'entend qu'isolément ces chanteurs, improvisant au-dessus des villes, presque dans le ciel, leurs vocalises tristes ; un chœur de muezzins est pour moi quelque chose de nouveau que je ne prévoyais pas ; mais on me dit qu'à la grande mosquée c'est l'usage de chanter ainsi, pour se faire entendre de plus loin et donner le pieux signal jusqu'aux extrémités des banlieues roses...

Sur l'étroite galerie, nous sommes forcément serrés les uns contre les autres, dans notre commun isolement au milieu de l'air... Trois heures! Les voix suraiguës partent toutes ensemble en fugue déchirante, jetant le frisson religieux sur la terre, effarouchant les hiboux du minaret, qui prennent leur vol, et les pigeons coutumiers des toits, qui se lèvent comme un petit nuage blanc sous nos pieds.

Un point de vue célèbre en Orient est celui qu'on a de la funèbre montagne dressée tout à côté de Damas.

J'ai dit qu'aussitôt après ces grands vergers dont la ville est entourée comme d'une ceinture délicieuse, presque sans transition, le désert commence, vide et désolé.

Et cette montagne, si rapprochée pourtant, participe déjà de cette désolation infinie : aride, sèche, rougeâtre, creusée à toutes les époques pour des sépultures, elle n'est peuplée que de chacals et de morts. On y monte parmi des pierres et des tombeaux ; mais, dès qu'on s'y élève, les bois et les vergers si magnifiquement verts, commencent à se déployer en bas, l'oasis paraît grandir au milieu des horizons mornes ; et, dans l'épaisseur des arbres, à demi noyée dans la mer de verdure, se révèle, avec ses minarets et ses myriades de coupoles, toute cette ville de terre rosée, qui mesure près de six kilomètres du nord au sud de ses faubourgs ; là, alors, dans ce lointain favorable aux enchantements, elle est immense, elle est féerique ; elle est vraiment reine orientale, ville de Saladin, ville des vieux temps et des merveilles...

XIII

Damas, dimanche 29 avril.

Le matin, à l'entrée du grand Bazar. La lumière resplendissante et encore neuve d'avant dix heures. Un quartier non voûté, où des arbres ont poussé vigoureusement au hasard. Un lieu à ciel ouvert, où le soleil gaîment tombe sur une foule orientale, à travers de jeunes feuilles de platanes. Une vénérable fontaine, toute revêtue de faïences de l'ancien temps. Des minarets, proches ou lointains, montent dans l'air bleu où tourbillonnent des martinets et des hirondelles. Tout le long de la rue, des cafés, avec un bariolage de divans alignés dehors, sous la retombée d'ombre de vieux toits, et des gens en longues robes de toutes couleurs, assis là, fumant leurs cigarettes blondes, dont la senteur se répand, très doucement grisante. Du vrai Orient, sans âge précis, tel qu'aux époques d'Aladin ou des Trois Dames de Bagdad.

Devant nous, qui avons pris place un moment parmi les rêveurs, passe une petite fille arabe, de cinq ou six ans, seule, l'air comiquement grave, marchant avec des socques aux talons très élevés. Tout à coup, de trop regarder voler les hirondelles, voici qu'elle trébuche, perd une de ses hautes chaussures et tombe contre le pavé — en plein sur son petit nez.

Sans rien dire, elle se relève, toute sanglante, et se rechausse — enfant du peuple, déjà habituée aux détresses solitaires ; personne ne s'occupe de son malheur et elle ne s'en étonne pas. Cependant le sang coule toujours de son pauvre petit nez ; chaque fois qu'elle y porte la main, ses doigts deviennent rouges et elle les secoue sur le pavé ; alors tout de même une expression d'angoisse contracte sa figure, les larmes viennent ; elle pleure silencieusement — et s'en va, très raisonnnable, à l'exquise fontaine, pour se laver toute seule à l'eau fraîche.

Comme diversion, nous lui donnons des pièces blanches. Elle les serre dans sa poche en disant merci, et pleure toujours, et continue de saigner beaucoup.

Survient un petit garçon arabe de sept ou huit ans,

un petit passant quelconque, plus haut qu'elle d'une demi-tête et appartenant à une condition sociale visiblement plus aisée, grave lui aussi dans sa belle robe longue et tenant d'un air religieux son chapelet d'ambre. Il s'arrête pour la consoler; puis décidément l'emmène par la main, nous disant qu'il veut la faire soigner dans sa propre maison, et elle, très confiante, s'en va avec lui...

Nous n'y pensions plus, quand, un moment après, il la ramène pour nous la faire voir : elle n'a plus de larmes, le sang a cessé de couler et sa petite figure est bien lavée. A présent, nous dit-il, il va la reconduire chez elle.

A lui aussi, nous donnons des pièces blanches, à cause de sa gentille action ; mais il croit que c'est encore pour la petite blessée et il se baisse pour les lui mettre dans sa poche de tablier. « Non, c'est à toi, cette fois, garde! » La petite d'ailleurs est de cet avis.

Ils remercient tous deux avec de grands saluts ; puis, se tenant par la main, adorables de gravité enfantine et portant haut la tête, ils s'en vont ensemble — bientôt perdus parmi la foule damasquine, dans les fonds du décor idéal.

C'est aujourd'hui Pâques à la Grecque ; dans le quartier chrétien, toutes les rues sont animées d'une foule joyeuse en habits des grands jours — et cela surprend, au milieu de cette ville musulmane, de retrouver quelque part le dimanche, et le dimanche de Pâques.

Un certain mélange de costumes européens, hélas !... Des hommes en redingote, n'ayant plus de Levantin que le fez rouge. Des jeunes femmes qui seraient ravissantes en Orientales, un peu ridicules dans des essais de toilettes modernes : mais le plus grand nombre, Dieu merci, encore enveloppées du long voile blanc des chrétiennes de Syrie, une rose naturelle ou une touffe de jasmin dans les cheveux, s'avançant vers l'église en groupes recueillis, d'un aspect hiératique.

Dans les petites rues inondées de soleil, entre les petits murs de terre colorée que dépassent des branches de rosiers en fleurs, s'en vont gaîment les familles parées pour la fête et, en suivant au hasard les gens qui passent, on est sûr d'arriver à la basilique, sans se perdre dans le labyrinthe rose.

Elle est grande, neuve et blanche, la basilique des chrétiens de Damas; dans un préau qui l'entoure, s'agitent des gens de tous les costumes et de toutes les religions ; des grecs, des latins, des turcs, des bédouins ; des burnous de laine et des vestes brodées d'or ; une foule où dominent les gracieux fantômes blancs, les femmes au joli visage, enveloppées de ces voiles qui partent du front et tombent jusqu'aux babouches. Et, comme pour les fêtes de mariage, les hommes, les petits garçons tirent des coups de fusil au vent, en signe de réjouissance.

A l'intérieur, elle est toute blanche aussi, la basilique ; très riche, très claire, pleine de rayons de soleil ; le fond, l'iconostase entièrement en marbre blanc. Elle s'emplit peu à peu de la foule bigarrée et brodée qui étincelait dehors ; chacun, homme ou femme, Arabe ou Grec, tenant à la main un cierge acheté devant la porte.

Et enfin commence le grand spectacle attendu, l'entrée rituelle du patriarche coiffé de la tiare byzantine, figure archaïque à longue barbe grise, que suit un long cortège de prêtres en robe de drap d'or. Il s'assied sur son trône et on l'encense — scène des vieux temps ressuscitée dans de la lumière éblouissante, sans ce mystère de demi-ténèbres au milieu duquel nous avons coutume de nous représenter les choses passées.

Puis les cierges les plus proches s'allument à celui du patriarche ; on se passe de main en main cette flamme sacrée et l'église s'emplit de milliers de petits lumignons rouges, presque sans éclat sous le soleil de deux heures ; et les coups de feu précipitent leur bruit au dehors ; et un hymne de triomphe s'élève puissamment sous les voûtes, tandis que des choristes enfants soutiennent sans fin deux ou trois mêmes notes en mélopée, qui se traînent au milieu du chant et de la fusillade comme de longs cris funèbres. Le printemps oriental prête sa splendeur à ce dimanche de Pâques. Et, devant tant de confiance et de fête, on ne s'imagine plus ces grands massacres, encore si peu éloignés de nous, tout ce sang qui, il y a trente-cinq années à peine, coulait ici à pleins ruisseaux.

Ce que l'on montre à Damas en fait de souvenirs des apôtres ou des premières époques chrétiennes est contestable et confus. Le lieu dit de la conversion de saint Paul n'est déjà plus celui que la tradition primitive avait consacré avant les Croisades. Seule, la « maison d'Ananias » paraît authentique ; elle est souterraine aujourd'hui et se compose de petites salles voûtées où les Latins ont mis une chapelle.

Mais les souvenirs des grandes époques musulmanes y sont innombrables : les palais, les kiosques funéraires, les bains, les portiques, les bibliothèques, et les écoles jadis célèbres, aujourd'hui délaissées. Tout cela, d'un accès encore difficile aux étrangers, enclavé dans les petites murailles de terre carminée et dissimulé comme à plaisir au milieu de l'immense labyrinthe des rues. Des merveilles de l'art arabe, des arcades toutes frangées de stalactites, des fontaines, des mosaïques, des faïences sont mêlées à des décombres, enchevêtrées avec des débris des époques antérieures, greffées sur d'informes ruines antiques qui vont se perdre en dessous, dans les profondeurs du sol : un chaos plein de surprises, plein d'énigmes, et où doivent dormir d'étonnantes choses enfouies.

En compagnie de l'obligeant pacha qui nous guide, toute l'après-midi nous circulons là dedans trop vite, obligés à de continuels détours pour éviter des rues étroites où ne passerait pas notre voiture menée au galop. Tantôt nous sommes dans les silencieux quartiers où se cachent, derrière les murs misérables, des jardins et des habitations féeriques. Tantôt nous retraversons l'étourdissante clameur des bazars.

Bazar des libraires, bazar des ferblantiers, des tourneurs, des marteleurs de cuivre; bazar des marchands de narguilhés, ou bazar des céréales. Bazar des cordonniers, peut-être le plus coloré de tous : ruelles couvertes et demi-obscures, où les murailles disparaissent sous des chapelets de babouches aux nuances étonnantes, brodées d'argent et d'or. Constamment il faut ralentir en criant gare, dans les foules trop serrées, sous l'oppressante pénombre des vieux toits bas. Des milliers de petits marchands ambulants nous harcèlent, exaltant la qualité de leurs bonbons, de leur limonade, de leur cresson de fontaine ou de leur pain frais, par des refrains séculaires, par des plaisanteries éternellement pareilles, qui prouvent à la fois la naïve bonhomie et l'immuabilité du peuple : « Prenez garde à vos dents ! » disent les vendeurs de boissons glacées. « Calmez l'irritation de votre belle-mère ! » chantent les vendeurs de petits bouquets où des soucis se mêlent aux fleurs d'oranger et aux roses. Et, parmi tant de cris baroques, consacrés par d'immémoriales traditions, il en est de si vieux que le nom de Baal s'y retrouve encore... Des visages étranges nous suivent : des mendiants de profession qui psalmodient leurs jérémiades, des derviches qui eux aussi demandent l'aumône, des fous qui bénissent. — Ainsi devait être, en Occident, la grande vie de nos rues au moyen âge. — Nous dérangeons des conciliabules de femmes à figure invisible, qui stationnent, pour composer et dicter des lettres, devant les échoppes des écrivains publics. Et enfin, dans le faubourg de Meïdan, hanté par les caravanes du Sud, nous passons au milieu de la curiosité sauvage des Bédouins, des Bédouines, de tous les gens des déserts d'à côté.

Une très sainte route traverse ce faubourg de Meïdan, aboutit à la « Porte de Dieu » et se continue vaguement dans l'infini des déserts : la route de la Mecque ! C'est par là que s'en va, chaque printemps, vers les villes du Prophète, la pieuse caravane qui, depuis des siècles, se forme à Damas, point initial des pèlerinages. Elle a perdu de son importance, il est vrai, la caravane séculaire, maintenant que des navires à vapeur conduisent directement des milliers de pèlerins à Djeddah; les Algériens, les Tunisiens, les gens du sombre Moghreb, et aussi presque tous les Turcs de la Turquie d'Europe ont cessé de venir prendre ici la suite de ce lent et innombrable cortège, dont le passage est l'événement annuel des déserts d'Arabie ; mais les Persans, les Circassiens, les Kurdes, les Musulmans du fond de l'Asie se réunissent encore à Damas, pour se mettre en marche ensemble avec le cérémonial des vieux âges — et, à leur tête, cheminent toujours ces pompeux chameaux empanachés de plumes d'autruche qui partent à la fin de l'hiver de Constantinople, pour arriver ici à travers l'Asie-Mineure, portant sur leur dos, dans des housses de velours brodé d'or, les présents du khalife à la mosquée de la Ka'aba.

Cette année-ci, nous avons failli la croiser en Idumée, la grande caravane. Elle sera de retour à

Damas vers la fin de juillet; le pacha de la ville, qui porte le titre officiel de « chef de la caravane sacrée », sortira à sa rencontre, et les marchands des bazars iront l'attendre à deux ou trois jours de route, dans le désert du Haouran, pour acheter aux pèlerins les marchandises rares qu'ils ont coutume de rapporter du Sud extrême.

Aujourd'hui, jour cependant quelconque pour la Damas musulmane, ce faubourg de Meïdan est rempli, à son ordinaire, de visiteurs singuliers : des paysans Druzes, offrant leurs céréales ; des Kurdes amenant leurs troupeaux de moutons ; des Bédouins d'un type qui nous est inconnu ; et, l'air inquiet, effarouché, mauvais, des chasseurs de gazelles venus des solitudes du Levant, armés de lances très longues, demi-nus sur des chevaux maigres.

Revenus en ville au galop de notre attelage, nous visitons jusqu'au soir des caravansérails, des bibliothèques et encore des mosquées. Puis, des tombeaux vénérés, où dorment les grands morts de l'Islam : dans un cimetière de l'Est, celui d'un Abyssin, célèbre jadis pour la sainteté de sa vie et la beauté de sa voix, que le Prophète avait attaché comme muezzin à sa propre personne ; près de la mosquée des Ommiades, au milieu d'une bibliothèque de manuscrits précieux, sous une coupole ornée de mosaïques d'or qui portent la date de l'an 666 de notre ère, celui du vaillant Melek Ez-Zahir Bibars, qui guerroya contre les Croisés et préserva Damas de leurs attaques.

Dans un quartier de ruines et de silence, est le tombeau du grand Salah-ed-Din (Saladin), duquel nous nous approchons avec une vénération particulière. On y arrive par un jardinet mélancolique et vieux, entre des murs. C'est un petit sanctuaire carré, à coupole, recouvert d'un badigeon de chaux et d'ocre; des rosiers grimpants l'entourent de délicieuses guirlandes blanches ou rose pâle. A l'intérieur de ce kiosque, une extrême simplicité; au centre de chacune des quatre faces, à hauteur d'homme, une petite niche en ogive arabe, comme une fenêtre qui serait murée, et, sur toutes les parois, rien qu'un revêtement d'exquises faïences anciennes. Sous le dôme blanchi à la chaux, au milieu, se tient le sarcophage de marbre, modestement revêtu d'un drap vert et surmonté d'un turban de mousseline.

— On a conscience d'un tranquille oubli autour de ce mort sans doute trop lointain, dont le nom garde néanmoins pour nous, gens d'Occident, un rayonnement de gloire à travers les siècles, un éclat de féerie...

Le soir, à l'heure du soleil rouge, nous arrivons, dans un faubourg éloigné, au tombeau de Mouhieddin Ibn-el-Arabi, qui fut le grand penseur mystique de l'ancienne Damas. Bafoué et persécuté de son vivant, il avait été jeté à la voirie le lendemain de sa mort. Mais il eut plus tard son apothéose; on rechercha pieusement ses restes, le sultan Selim lui fit faire un somptueux sarcophage et un grand kiosque de faïence bleue pour son sommeil. C'est au fond de la cour d'une sainte mosquée dont la porte, très difficilement ouverte aux Infidèles, est surchargée, en son honneur, de vieux drapeaux verts portant des inscriptions religieuses. Dans le kiosque très vaste, dorment aussi quelques illustres et saints personnages, qui avaient demandé à être enterrés sous la protection du grand songeur béatifié; leurs catafalques sont épars autour de celui de Mouhieddin Ibn-el-Arabi, que renferme une monumentale grille de cuivre merveilleusement ajourée et ornée de fleurs en argent repoussé.

Du plafond, descendent des lanternes anciennes. Les faïences archaïques des murs représentent, en deux tons bleus sur fond bleuâtre, des séries de ces cyprès conventionnels qui reviennent si souvent jeter au milieu de la décoration arabe leurs lignes rigides. Par terre, ce sont de précieux tapis qui ont des chatoiements de soie, d'inaltérables couleurs, rouges, orangées ou vertes — et sur lesquels, il va sans dire, on ne marche jamais que pieds nus. Dans ce lieu calme, entouré de tant de défenses et de mystère, est réuni et quintessencié tout le charme de l'art religieux musulman, tout ce je ne sais quoi d'immatériel dans le dessin, dans les formes des choses, d'où résulte l'impression d'une paix spéciale, étrangère à nos âmes d'Occident...

Distraitement, tandis que je regarde la grille magnifique du penseur de Damas, j'ai posé la main sur l'un de ces autres catafalques de marbre qui surgissent du velours des tapis, — d'ailleurs, sur le plus modeste de tous, que recouvre un simple drap noir :

— Savez-vous, me dit le pacha, contre qui vous vous appuyez? qui dort là-dessous?... L'émir Abd-el-Kader !

L'émir Abd-el-Kader !... Je ne m'attendais pas, dans cette demeure d'étrange repos, à entendre sonner ce nom vibrant, tout auréolé encore d'un prestige d'héroïsme et de guerre. D'un geste irréfléchi, qui est un ressouvenir des coutumes d'Occident, je porte la main au front, pour me découvrir devant ce mort... Mais non, je suis vêtu en oriental, soumis ici à l'étiquette musulmame — et mon bras retombe.

Quelle mélancolique destinée, celle de cet homme, qui vint finir à Damas sa vie d'exil. Et comme il est bien, là, pour son sommeil, auprès du somptueux tombeau du sage dont l'ombre le protège, sous cet humble petit catafalque noir, entre ces murailles de faïence bleue...

Nous sommes ici tout près de la montagne qui surplombe Damas, et nous voulons encore y monter, pour voir une dernière fois, au coucher du soleil, le déploiement de cette ville rose que nous devons quitter demain matin au petit jour.

Nous nous élevons, et bientôt l'oasis, en bas, se déroule; la ville, qui s'agrandit, reprend ses aspects lointains, ses airs merveilleux. Vers l'Occident, les verdures se continuent en ligne infinie : c'est la vallée du Barada et la grande voie qui mène à Beyrouth. Vers le Sud, le faubourg de Meïdan prolonge la ville en une longue pointe rosée au milieu du velours vert des arbres : c'est la sainte route de la Mecque et de Médine, que suivent depuis des siècles les innombrables foules illuminées d'espérance. Et, du côté du Levant, à travers des jardins et des cimetières, s'en va le chemin des caravanes, de Palmyre et de Bagdad.

De grandes nuées tourmentées d'orage s'assemblent

dans le ciel et l'obscurcissent : mauvais signe pour nous qui devons reprendre demain matin la vie nomade. Des rayons errants se promènent sur la terre ; ils font çà et là des traînées de rose plus tendre sur l'amas des coupoles et des murs, ou bien des traînées plus claires d'émeraude sur la cime des bois.

La montagne déserte qui nous porte a été foulée jadis par les rêveurs des plus vieux âges et, à cause de cela, les musulmans la regardent comme sacrée. Dans ce silence d'en haut, nous nous sentons rapprochés peu à peu de ces hommes qui y sont venus, il y a quatre ou cinq mille ans, reposer leurs yeux sur l'étendue de cette éternelle ville et sur la fraîcheur de cette éternelle oasis ; les siècles, les millénaires fuyants et rapides, une fois de plus se fondent dans notre esprit comme des instants.

Dans cet Orient, si immuable et si vieux, où l'on vit avec la hantise des myriades de générations antérieures, tant de fois ainsi la notion des durées se perd et l'heure présente paraît sombrer dans l'abîme des passés...

Le coucher du soleil !... La prière du Moghreb !... Une clameur aiguë, triste et longue, s'élève de la ville ; mêlée aux cris stridents des hirondelles noires en tourbillon dans l'air, elle monte jusqu'à nous —

comme un lointain gémissement qui dirait, sous une forme orientale, toute l'humaine angoisse...

Puis, elle retombe. Le silence semble plus grand et le soir est commencé.

XIV

Lundi 30.

— « Allah Akbar!... Allah Akbar!... Allah est grand!... Allah seul est Dieu!... »

Il est quatre heures à peine ; une pâle lueur indécise s'épand dans l'air infiniment sonore, et le muezzin chante.

Il chante, de sa voix fraîche, la prière du réveil. Ses phrases musicales sont interminables, imprévues, d'une hauteur qui dépasse le registre habituel des hommes — et d'un sentiment rare, d'une tristesse de mort.

C'est le muezzin de la plus voisine mosquée, et on croirait qu'il est là, sur mon toit :

« — Allah Akbar!... Allah est grand!... Allah seul est Dieu!... »

Il répète aux quatre vents sa prière ; quand il chante

vers l'Occident et vers le Nord, les paroles se perdent
et on ne dirait plus des sons humains, mais plutôt
quelque fugue de hautbois.

Je l'entends, et cependant je ne cesse pas de
dormir; son chant, sans que je puisse expliquer
cette image, me fait l'effet d'un grand oiseau de
rêve qui prendrait son vol dans l'aube encore
grise, pour monter, descendre, planer avec des ailes
légères et constamment tremblantes, remonter et puis
redescendre enfin dans un frémissement d'agonie...

Chaque matin, à pointe d'aube, j'entends ses
hautes vocalises, qui se traînent, pour finir comme
de suprêmes plaintes, et j'en reçois une presque
angoissante impression d'Islam — dans ce sommeil,
qui redevient profond dès qu'il a fini de chanter.

Mais ce matin, c'est le jour du départ et je ne me
rendormirai pas. Bientôt, en bas, dans la rue à peine
éclairée, tintent gaîment les grelots des mules
matinales qui passent. Puis, les oiseaux, les martinets, après un léger prélude, entonnent tous ensemble
une aubade folle. Et enfin commencent les voix des
hommes, les cris des marchands, le tapage des métiers
et des marteaux, tous les bruits de la vie orientale.

A six heures, nous sommes à cheval, reprenant,
pour quatre jours qui seront les derniers, notre vie
errante, nos burnous de laine.

Nous éloignant de plus en plus des lieux saints
— dont nous sentons déjà, hélas! l'image s'effacer —
nous allons remonter vers le Nord, dans le pays
des Gentils, jusqu'aux ruines colossales des temples
du Soleil ; puis, nous gagnerons Beyrouth, où notre
pèlerinage s'achèvera.

Toute la journée, nous suivons le cours de cette
rivière qui apporte à Damas ses eaux vives et s'en va
se perdre au levant dans les « Lacs des Prairies ».
Nous avons d'abord, durant les premières heures, la
route carrossable qui va à Beyrouth et à la mer;
puis, des chemins difficiles, aux flancs d'une profonde vallée dans laquelle la rivière s'encaisse et
devient invisible sous des voûtes de verdure.

Nos sentiers passent à mi-montagne à travers un
pays tourmenté, desséché, désert, d'une monotone
couleur d'ocre rouge, tandis que, au-dessous de
nous, l'étroite et interminable vallée que nous longeons est un fouillis d'arbres, d'herbages, d'un vert
printanier très éclatant — où il se fait, comme à
Damas, une éternelle musique d'eaux courantes, de
ruisseaux ou de cascades.

Nous sommes tantôt plus haut, remontés dans
l'aridité absolue, ocrée et brûlée, tantôt plus bas, au
niveau des feuillages des arbres ; nous distinguons
alors tout ce qui pousse à leur ombre, les orges, les

fèves, les blés, les fleurs; nous voyons de près les toits des villages, et, autour des fontaines, les groupes de femmes et les groupes d'enfants, qui lèvent vers nous leurs beaux yeux. Toute la vie s'est localisée là, en bas, dans cette fraîcheur et cette nuit verte, et le reste du pays est en pierrailles, en roches abandonnées que le soleil dévore. — Oh! les exquis visages de jeunes filles, relevés de temps à autre vers nous, d'une fenêtre, d'un jardin ou d'une terrasse, au bruit du trot de nos chevaux...

Vers midi, une fusillade dans le lointain. Elle part d'un village au-dessus duquel nous allons arriver bientôt. Et il y a aussi des voix humaines qui chantent en chœur, et une musique de puissants tamtams, dont les coups sont frappés trois par trois, suivant un rythme lent...

C'est une noce, que nous verrons à vol d'oiseau comme nous voyons tout ce qui se fait dans la vallée. Passant à une dizaine de mètres au-dessus d'une petite place que bordent des maisonnettes de terre carminée, nous ralentissons notre marche pour regarder. A côté d'une fontaine jaillissante, sur un sol trop rose, sous des arbres trop verts, tous les habitants des environs — deux ou trois cents Syriens et Syriennes — sont groupés en cercle, au soleil que tamisent les branches fraîchement feuillues; ils ont revêtu leurs habits de fête, des vestes bleues ou rouges, à longues manches, entièrement brodées d'or — tout ce qu'il y avait, à des lieues à la ronde, de beaux costumes gardés au fond des coffres, dans les hameaux en terre séchée.

Des hommes tirent des coups de fusil en l'air; d'autres frappent en chantant sur des tamtams énormes. Les mariés sont assis au centre : deux enfants, ces mariés; elle, quinze ans tout au plus; lui, encore imberbe. Brodés et dorés comme les gens de leur cortège, ils se tiennent très près l'un de l'autre, confus et naïfs, rouges de timidité et de soleil. Tous deux portent leur fortune sur leur front; lui, autour de son tarbouch; elle, autour de son voile, des guirlandes de pièces d'or.

Et tant de belles têtes d'hommes à grandes moustaches se lèvent vers nous, tant de délicieuses figures de jeunes femmes, aux yeux presque trop longs et trop noirs!...

Plus loin, nous descendons au fond de l'éden pour prendre le repas du milieu du jour, sous une treille, devant une petite auberge où l'on nous fournit des narguilhés. C'est en face d'un vieux pont romain qui traverse la mince rivière. Pendant nos heures de repos, nous voyons par là beaucoup de gens revenir de la noce, qui sans doute est finie, tous charmants sur leurs chevaux.

Passe aussi, hélas! une bande Cook, grotesque et nombreuse, sur des mulets.

Nous plantons nos tentes, le soir, en un lieu d'aspect banal, qui pourrait être un coin quelconque de la France : des champs d'orge et des peupliers, sous un ciel du Nord.

Campée dans notre voisinage, une autre bande Cook, qui est pour nous la seconde du jour : à cause des grandes ruines de Baalbek, toute cette partie de la Syrie en est infestée.

XV

Mardi 1ᵉʳ mai.

Nos voisins, les Cook, se sont mis en route avant nous, divisés en deux troupes : l'une nous précède à Baalbek, par un chemin que nous ne prendrons pas ; l'autre s'en va dans la montagne chasser le lion, avec un outillage comme celui de notre immortel Tartarin. — Oh! les déserts d'Arabie, où on s'éveillait seuls, dans du silence et de l'espace !

Trois heures de pays décevant, le long des travaux pour le futur chemin de fer d'Alep ; dans une vallée, qui devait être solitaire et belle, des groupes d'ouvriers en chapeau, manœuvrant des machines. exfoliant la terre comme une légion de malfaisantes fourmis.

Puis, par des sentiers de traverse, nous nous élevons sur les premiers contreforts de l'Anti-Liban, qu'il nous faudra franchir tout entier pour atteindre Baalbek, et là enfin, dans une région de pierres, des solitudes, des aspects grandioses nous sont rendus. Sur des plateaux chauves, ou dans de hauts ravins, nous retrouvons, pour des heures, les vastes lignes géologiques nullement dérangées par les hommes, et sans âge ; l'impression d'être isolés dans un pays vide ; presque le charme du désert.

Un cavalier arabe nous rattrape, rôde autour de nous en faisant parader son cheval, avec une visible envie d'entrer en relations ; il est coiffé d'un voile or et rouge, et drapé d'un long manteau noir brodé d'or ; lui et sa bête sont superbes.

Et la connaissance se fait, à la fin, par un sourire échangé entre nous à l'occasion d'une prodigieuse pirouette de son cheval cabré. Je lui adresse le compliment qu'il cherchait sur sa manière de monter ; par hasard, il entend le turc, alors, nous voilà amis. Donc, nous cheminerons ensemble, dans ces hautes solitudes de pierres, jusqu'à son village qui est par là-bas vers Baalbek, et il partagera tout à l'heure notre dîner, puis nos tapis étendus, pour le repos en plein vent. Autour de nous, tout devient toujours plus âpre, plus tourmenté, et, par instants, au milieu de cette Syrie pourtant si profanée, nous reprenons pied dans la grande vie libre.

Notre compagnon de route nous conte qu'il est chrétien maronite et, par conséquent, très pauvre malgré son beau costume, à cause des persécutions religieuses ; la haine des Druzes et la rancune des grands massacres sont encore vivantes en lui ; quand il en parle, ses yeux étincellent.

Nous indiquant du bras les montagnes de l'Est :

— Par là-bas, nous dit-il, il y a des lions, des grands ; avec ces bons fusils que vous avez, n'irez-vous pas chasser ?

Un seul arbre, dans tout ce désert haut perché où nous sommes ; de très loin, nous l'avons aperçu en avant de nous et choisi pour abri pendant la grand'-halte du jour.

Nous nous couchons sur ses racines en fauteuil ; ses jeunes feuilles, à peine ouvertes, atténuent le soleil, donnent presque de l'ombre ; d'ailleurs, le ciel se couvre rapidement d'étranges nuages, déchiquetés, effiloqués, les uns gris, les autres noirs, et le vent se lève.

L'après-midi, nous traversons encore des gorges sinistres, voisines des sommets ; puis, une immensité nouvelle, pas encore vue, s'ouvre devant nous : les plaines de Baalbek qui se déroulent comme une mer, et la chaîne du Liban qui se lève derrière elles comme une muraille du monde — rayée, zébrée de neiges trop blanches, d'un blanc cru de porcelaine, malgré l'éloignement excessif, sur un fond de nuages noirs. Aspects inattendus, qui se révèlent tout d'un coup en entier, et qui sont d'une grandeur presque terrible, avec ce ciel devenu ténébreux.

C'est dans ces plaines, sorte de vallée large entre le Liban et l'Anti-Liban, que nous allons bientôt descendre pour trouver les temples du Soleil.

L'Arabe y descendra avant nous, car le voici au-dessus de son hameau : « Passe par mon pays, dit-il, pour prendre le café sous mon toit. » Mais non, ce serait trop de retard, ce détour — et nous nous quittons avec une poignée de main. Il lance son cheval au galop, à travers des landes, et tous deux s'effacent à nos yeux : — l'homme et la bête, enfants des espaces libres où rien n'entrave la vue ni la course.

Une heure encore, et nous avons enfin l'apparition de la « ville de Baal ».

Dans les plaines dénudées et grisâtres d'en bas, où nous descendons par des sentiers en lacets, verdit une oasis d'arbres du Nord, de peupliers et de trembles ; on dirait presque un petit morceau de notre

France, — si ce n'était une chose qui s'élève au-dessus de ces bois printaniers, géante, svelte et haute : la colonnade du temple du Soleil !

Six colonnes seulement, supportant une frise brisée ; il ne reste debout que cela d'un temple qui fut une des plus étonnantes merveilles du monde ; mais c'est encore une ruine souveraine. Dès l'abord et de si loin, on a conscience de ce qu'il y a de surhumain dans ses proportions : elle dépasse par trop ce qui l'entoure ; les plus grands arbres ont l'air d'herbages à ses pieds. Et au-dessous, dans la verdure, sont d'autres masses colossales, des débris déjà terriblement grandioses, qu'elle écrase pourtant de toute sa taille ; des murs, des colonnes, des temples de dieux antiques.

Une mélancolie immédiate, soudaine comme un trait qui frappe, est venue à nous de ces immenses ruines un peu roses, isolées aujourd'hui dans la plaine vide et morte, surgissant au-dessus de leur bois de peupliers avec une si inutile splendeur.

On dirait le fantôme même du vieux paganisme magnifique, cette colonnade du temple du Soleil, qui se tient là-bas dans l'air, trop grande, démesurée comme une vision, — en avant des cimes du Liban neigeux, très blanches ce soir sur les obscurités du ciel...

Baalbek (en syriaque : ville de Baal) a des origines presque inconnues. On ne sait pas exactement quels hommes l'ont fondée, quels hommes y ont construit, il y a des temps incalculables, un monstreux sanctuaire de Baal en pierres cyclopéennes, — base presque indestructible qui devait supporter, des siècles plus tard, les grands temples à colonnes bâtis par Antonin le Pieux et Caracala.

Comme Damas, elle dut la vie sans doute à son oasis et à ses eaux courantes, qui étaient là dès les premiers temps humains ; et sa position entre Tyr et Palmyre, sur une des routes les plus fréquentées du vieux monde, avait dû en faire un centre de commerce et de richesse. Mais son histoire demeure singulièrement ignorée.

Au commencement de l'ère chrétienne, elle eut des églises, des évêques et des martyrs ; quand elle fut devenue sarrazine, les Croisés la pillèrent ; plus tard, elle subit l'invasion d'Houlagoû et celle de Tamerlan ; puis elle déclina peu à peu, comme tant d'autres villes orientales, et s'éteignit. Elle n'est plus aujourd'hui qu'une misérable bourgade, et les tremblements de terre, les continuelles luttes entre les Maronites de la plaine et les Druzes de la montagne achèvent de la détruire.

En approchant, nous distinguons bientôt la

Baalbek de nos jours : quelques maisonnettes, les unes arabes, les autres semi-européennes ; tout cela si pauvre et si petit, village de nains sous les pieds des grands temples silencieux !

Les lacets par lesquels nous descendions aboutissent à une voie carrossable, qui court dans la plaine et qui vient de Beyrouth. Par là, nous nous en irons demain, en deux étapes, jusqu'au navire qui nous emportera ; de l'instant où nous avons mis pied sur cette route facile, c'est donc fini pour nous des sentiers de Palestine et de Syrie, ou des battues, des pistes du désert auxquelles nous nous étions habitués depuis notre départ d'Égypte.

A l'entrée de Baalbek, deux ou trois campements de bandes Cook ; des petits hôtels levantins ; une horrible école anglaise à toit rouge, et des voitures qui arrivent, amenant des touristes aux grandes ruines -- aujourd'hui prostituées à tous.

Sans descendre de cheval, nous passons devant nos tentes déjà montées et nous traversons la Baalbek contemporaine, pour nous rendre, avant la tombée du crépuscule, au temple du Soleil.

Deux choses en chemin nous arrêtent. D'abord une grande mosquée qui fut construite avec des débris de temples ou d'églises, avec des colonnes disparates, de tous les marbres, de tous les styles ;

ensuite, délaissée, rendue au plein vent, aux herbes, aux ronces ; — des brebis et des ânons y broutent ce soir, sous les arceaux magnifiques. Puis, au milieu de frais ruisseaux, dans un bocage de peupliers où jadis les nymphes devaient venir, les restes d'un temple de Vénus, qui a les lignes courbes, les guirlandes, les coquilles, toute la grâce un peu maniérée et féminine de notre xviiie siècle occidental.

Enfin, pénétrant au cœur de l'oasis, dans les grands vergers à l'abandon, traversant des ruisseaux et des éboulements de pierres, nous atteignons le pied des grandes ruines.

Elles se présentent à nous, dans leur énormité écrasante, sous l'aspect d'une citadelle de géants, de tous côtés murée et sans ouverture nulle part. Ce sont les premiers Sarrazins qui ont fait de cette acropole des dieux, jadis accessible à tous par des escaliers de marbre, une imprenable forteresse, en détruisant les marches, en murant les propylées et toutes les issues secondaires.

On entre là aujourd'hui par une vieille porte ferrée et basse qu'un gardien turc vous ouvre au prix d'un medjidich par tête, et qui paraît ne donner accès que dans les souterrains de l'acropole.

Ce seuil franchi, on est, au milieu d'une obscurité

de caverne, chez le vieux Baal, dans un lieu d'adoration qui remonte à cette période des Grandes Pierres, commune à toutes les races commençantes.

Deux couloirs parallèles, longs d'une centaine de mètres, et un troisième transversal, tous formés par des alignements de blocs cyclopéens de huit ou dix mètres de face : construction faite pour les durées infinies et qui a déjà vu des millénaires passer sans en être aucunement dérangée. Jadis, sans doute, ces avenues étaient à ciel libre ; le Dieu Fécondant et Pourrisseur y laissait tomber, pendant les étés des âges lointains, sa plus jeune et plus dévorante lumière. Puis, dans la suite des siècles, elles ont été recouvertes de lourdes voûtes, les unes romaines, les autres plus anciennes encore, de façon à composer une sorte de ténébreux sous-sol pour les temples des époques postérieures, consacrés au même maître éternel qui avait seulement changé son nom phénicien de Baal contre celui d'Hélios. C'est au moment où s'élevaient ces prodigieux sanctuaires nouveaux que ce lieu s'est passagèrement appelé Héliopolis, la Ville-du-Soleil ; mais, nulle part en Orient, des appellations gréco-romaines n'ont pu tenir contre les noms primitifs, et à la longue, Héliopolis est redevenue Baalbek.

Au sortir de ces avenues terribles, on débouche

dans l'acropole, parmi les grandes ruines, sur une sorte d'esplanade vaste comme une ville, où gisent pêle-mêle des débris d'édifices surhumains ; on est au milieu d'une confusion de choses trop magnifiques, ruinées, penchées, renversées — toutes de proportions si immenses qu'on ne comprend ni comment les hommes ont pu les créer, ni comment, après, le temps a pu les détruire ; d'incomparables murailles sculptées sont encore debout et des colonnes absolument géantes se dressent dans le ciel, soutenant en l'air des lambeaux de frise. Tout cela était d'une beauté et d'une puissance que nous ne connaissons plus ; tout cela était bâti en blocs monstres qu'on avait appareillés et rangés avec une symétrie merveilleuse ; des monolithes égaux, de douze ou quinze mètres de hauteur, formaient les montants superbes des portes ; des masses, que toutes nos petites machines modernes arriveraient à peine à remuer, hissées effroyablement les unes par-dessus les autres, composaient les linteaux, les corniches ou les voûtes. Auprès de telles choses, toutes les constructions dont nous sommes orgueilleux, nos palais, nos forteresses, nos cathédrales, semblent des œuvres mesquines et passagères, faites de cailloux, de miettes assemblées. Devant ces travaux de Titans, on est oppressé par la conscience de son infime petitesse, par le sentiment de l'impuissance où seraient les hommes de ce siècle, non seulement à rien produire de pareil, mais même à rien réparer, à rien relever dans ce chaos de décombres trop lourds.

Le lieu est solitaire, d'une désolation et d'un silence infinis. Là-bas, un berger bédouin passe comme un petit pygmée étrange sur une corniche de temple ; quelques chèvres, grimpées sur des sculptures précieuses, broutent l'herbe des ruines — et, au loin, la chaîne du Liban toute blanche de neiges apparaît entre les colonnes brisées, au-dessus des amoncellements de grandes pierres. L'ensemble est terrifiant sous les nuages sombres.

Pour comprendre un peu le plan général de ces temples, dont on ne saisit d'abord que la confusion et la grandeur, il faut se rendre, à travers le désarroi des choses, jusqu'à l'extrémité Est de l'acropole, où jadis se trouvaient les entrées, puis revenir sur ses pas, suivre ainsi la route que prenaient les adorateurs des anciens dieux pour pénétrer jusqu'aux plus immenses sanctuaires du fond.

Ces entrées, ces propylées magnifiques, auxquelles on devait accéder autrefois par un escalier monumental, ont été murées il y a quelque mille ans par les Sarrazins, avec des morceaux, des bribes encore énormes des temples intérieurs ; puis, ce rempart, composé de fragments si dissemblables, a été mutilé par les sièges et les assauts ; et les grands tremblements de terre sont venus enfin, qui ont secoué comme jouets d'enfants ces choses fabuleuses, qui ont laissé tout cela de travers, disloqué, inquiétant et incompréhensible.

Les Sarrazins, d'ailleurs, ont été, après les chrétiens des premières époques, les principaux destructeurs humains de cette acropole unique au monde, qui semblait taillée pour ne jamais finir ; avec une hostilité acharnée et un dédain irréductible, ils ont travaillé pendant des siècles à renverser et à changer, effaçant à coups de hache les fines sculptures à leur portée, tirant à balle et à boulet contre celles des hautes voûtes, faisant sauter la mine au pied des majestueuses colonnes pour prendre le plomb et le fer qui les boulonnaient. — Puis, partout, ils ont surélevé les murailles extérieures, pour s'enfermer ici dans une plus sûre forteresse ; au-dessus des corniches antiques, des élégantes frises, ils ont hissé des blocs de démolition pour former leurs traditionnels créneaux pointus. — Et c'est étrange, dans ces constructions où des races si différentes ont mis la main, au cours des âges, de constater une dégénérescence de la force

11.

humaine, rien que par la dimension des pierres employées : d'abord, celles d'en dessous, les cyclopéennes, sortes de roches à jamais immuables aujourd'hui, apportées on ne sait comment par les premiers hommes ; celles du milieu ensuite, mises par les Romains, encore très effrayantes pour nous, mais déjà bien moindres ; puis celles d'en haut, ajoutées par les musulmans d'autrefois, plus petites encore, bien que dépassant celles de nos misérables bâtisses modernes...

Après ces propylées, après ces grandes entrées pompeuses, qui n'existent plus mais dont on peut reconstituer encore les aspects, on pénètre successivement dans deux gigantesques cours ; la première hexagonale, de soixante-dix mètres de diamètre ; la seconde, rectangulaire, de cent à cent cinquante mètres de côté ; toutes deux d'une égale splendeur. Leurs murailles hautes et profondes — en pierres de grand appareil, il va sans dire — se composent alternativement de parties droites ou de parties courbes qui forment comme des demi-rotondes, et sont ornées de deux étages de niches aux frontons droits, ou arrondis, ou contournés en coquille ; toutes ces niches, sculptées magnifiquement, devaient être ornées de deux de ces colonnes en granit rouge dont le sol est jonché, et renfermer des statues aujourd'hui détruites. Et à la frise supérieure de ces enceintes, au-dessus de tout, courent d'interminables guirlandes en haut relief, de feuillages, de fleurs et de fruits. Cela est déjà un monde, représentant une étonnante dépense de matière et de force, ayant épuisé sans doute la vie d'une légion d'hommes pendant des années. Mais ce n'est encore que le quartier des prêtres, que le vestibule des dieux.

Ces deux cours franchies, on arrive enfin devant les grandes merveilles du fond : à gauche, le temple monstrueux de Jupiter, et, juste en face, dans l'alignement même des propylées, l'inimaginable temple du Soleil, dominant tout de sa stature souveraine, élancé et presque aérien, avec sa svelte colonnade de vingt à vingt-cinq mètres — presque deux fois haute comme les plus hautes maisons de nos villes européennes.

De ces deux temples, le moins détruit est celui de Jupiter, sans doute parce qu'il était plus trapu, plus lourdement assis sur ses bases éternelles, plus résistant aux assauts des hommes et aux secousses du sol.

Devant l'entrée, gisent des amas de débris monstrueux, tronçons monolithes des colonnes, blocs énormes tombés des voûtes. Mais presque toute la cella, une grande partie de la colonnade du péristyle et de celle du pronaos subsistent encore. C'est un temple périptère, d'ordre corinthien; ses corniches, ses frises sont sculptées à profusion avec un goût presque toujours exquis; des feuillages, des fleurs courent en guirlandes infinies sur ses effroyables pierres; au sommet de ses colonnes gigantesques, les acanthes de Corinthe se contournent comme de grandes plumes élégantes. A la voûte du péristyle, on voit encore des figures de dieux, de déesses ou d'empereurs, que les Sarrazins ont à demi effacées en les criblant de balles. Le portique, aujourd'hui déséquilibré et menacé d'une chute prochaine, a dû être une rare merveille; il a de douze à quinze mètres de haut et il est encadré d'un admirable amas de feuillages, de volutes, de guirlandes que soutiennent des génies ailés ou des aigles orientales... Et le temple tout entier, malgré son délabrement extrême, porte encore au recueillement profond, éveille encore le sentiment du grand mystère...

Pour nos âmes modernes, tant altérées d'une foi, d'une espérance qui s'enfuient, il y a d'ailleurs un surcroît de trouble à constater que le dieu chimérique d'ici, dont le nom est aujourd'hui pour faire sourire, a pu avoir en son temps de tels sanctuaires solennels dégageant, encore plus que nos églises, l'imprécise épouvante religieuse : illusion décidément, illusion et néant que cette épouvante-là, simple jeu des aspects, des formes sévères, et, sur les êtres très petits que nous sommes, simple impression des choses trop grandes...

Plus haut encore, dans des proportions plus inusitées et plus surhumaines, se dressait l'autre, le temple du Soleil. De celui-là, il ne reste debout que les six colonnes désolées, avec leur lambeau de frise — celles qui sont visibles de si loin, des plaines, des montagnes, des déserts d'alentour ; probablement, du reste, elles s'affaisseront bientôt tant elles sont minées par la base et disjointes. Tout l'emplacement qu'occupait ce temple, long d'environ trois cents pieds, est la partie la plus bouleversée des ruines, la plus jonchée de débris de toute sorte, la plus confuse aujourd'hui sous l'émiettement des grandes pierres ; des tronçons de colonnes, monolithes de deux mètres de diamètre, sur six ou huit mètres de hauteur, y sont couchés dans toutes les directions — et on se promène là comme au milieu d'une forêt géante, après quelque ouragan destructeur des arbres.

Et derrière enfin, fermant l'acropole, s'élève la muraille cyclopéenne dont on ne sait plus l'âge, dont on ne s'explique plus la construction prodigieuse et où se superposent des pierres taillées de vingt mètres de long, qui, mises debout, seraient hautes comme des tours. C'était le rêve des vieux peuples disparus, de bâtir de telles enceintes — qui, suivant les lieux et les temps, se sont appelées Téménos ou Haram — comme pour fixer là leurs dieux et établir immuablement une sorte de cœur de la patrie. Elles représentent, ces enceintes-là, un des plus anciens et des plus formidables efforts de l'homme pour essayer de durer. Presque toutes subsistent encore, des millénaires après l'anéantissement ou la transformation des races dont elles étaient le naos; mais leur vieux sol sacré a changé tant de fois de dieux et de maîtres, qu'on ne se rappelle plus les noms des premiers — les noms enfantins et rudes qu'elles étaient destinées à perpétuer...

Il y a des vestiges de tous les âges, dans l'acropole immense où nous restons à errer jusqu'à la tombée du soir ; les ruines d'une basilique chrétienne, bâtie aux premiers siècles pour purifier ce repaire de Baal, et les ruines d'une citadelle du moyen âge où les Sarrazins avaient patiemment ciselé sur les portes leurs fines et invariables stalactites.

Et les murailles, les sculptures, sont criblées de

noms de visiteurs, de toutes les époques et de toutes les nations ; sur les feuilles d'acanthe, sur les rubans qui enroulent les guirlandes, sur les écailles des serpents qui se tordent autour des têtes de Méduse, sont gravées des signatures européennes ou asiatiques ; nous trouvons réunies celles des officiers français qui vinrent ici faire l'expédition de 1860 après les massacres de Damas — et, au fond du temple de Jupiter, celle de l'empereur Don Pedro d'Alcantara, à côté du chiffre et de la couronne du grand-duc Nicolas de Russie.

Elle est très frappante, l'obstination qu'ont mise autrefois les hommes fanatisés, tant chrétiens que musulmans, à dégrader et démolir ces incomparables temples. Et, comme s'il fallait absolument qu'ils fussent détruits, les tremblements de terre, seuls assez forts pour agir vite contre des masses aussi superbes, se sont aussi acharnés là, de siècle en siècle, secouant tout comme avec la main, renversant en une seconde les rangées formidables des colonnes, qui devaient s'abattre les unes sur les autres avec de grands bruits de cataclysme.

Devant le chaos d'aujourd'hui, on a conscience de l'irrémédiable de tels anéantissements ; tous nos petits constructeurs d'églises ou de palais s'agiteraient ici en vain, comme d'impuissantes fourmis ; les blocs tombés et confondus ne se relèveraient plus...

Le crépuscule nous prend, très hâtif sous le ciel noir. La blancheur des neiges du Liban, aperçues entre les colonnes des temples, devient lugubre au milieu de cet assombrissement de toutes les choses. Le berger bédouin, qui tout à l'heure se promenait en pygmée sur les hautes frises corinthiennes, rassemble ses chèvres en jouant de la flûte, et, quand il est parti, le silence profond de chaque soir se fait dans les ruines...

En Judée aussi, elles étaient partout, les grandes ruines muettes ; mais, pour la plupart, évoquant des souvenirs de la Bible ou du Christ. A Jérusalem, dans tout cet antérieur plein de tourmentes que racontaient les pierres, le Christ, presque toujours, occupait la première place ; sous les fanatismes, sous les erreurs, sous les idolâtries, c'était Lui encore que l'on retrouvait à chaque pas. Et, à le sentir si solidement assis dans les passés humains, peut-être se fortifiait d'une manière latente au fond de nous-mêmes, au lieu de s'évanouir, l'illusion encore douce, transmise par les ancêtres, d'une protection suprême émanant de lui...

Mais ici s'affirment, deviennent comme palpables

les ferventes et les grandioses adorations pour les dieux puérils qui l'avaient précédé d'un nombre incalculable de siècles ; alors, plus qu'ailleurs, l'esprit s'inquiète du pourquoi de ces grossiers tâtonnements aux origines, de l'inanité primitive des religions, du néant des anciennes prières. Et, dans les magnificences de cette ville de Baal, le cycle de notre pèlerinage se ferme sombrement...

XVI

Mercredi 2 mai.

Le vent a sifflé toute la nuit, un vent glacé par son passage sur les cimes blanches.

Au réveil, l'atmosphère balayée est d'une limpidité absolue ; les neiges resplendissent, et svelte, dominatrice, reine, la colonnade du temple du Soleil se dresse là-bas dans l'air ; au-dessus des fraîches verdures neuves des peupliers, au-dessus du temple de Jupiter et de l'amas des grandes ruines, très haut, toute rosée et resplendissante sous les rayons d'un nouveau matin, elle se détache en avant du Liban neigeux.

Campés à l'écart comme nous le sommes, nous voyons à peine la Baalbek d'aujourd'hui, infime, presque lilliputienne à côté des restes de la grande, de la Baalbek de Baal. Mais, devant nos tentes, qui se replient une fois de plus pour le changement de chaque jour, passe et défile tout ce qui s'en va aux champs, toutes les bêtes qu'emmènent les bergers, myriades de chèvres noires, ânons, chamelles avec leurs petits — et, ici, il paraît bien humble et bien sauvage, ce train de la vie matinale d'aujourd'hui, auprès des débris qui restent d'un passé d'inconcevable splendeur païenne... Et la colonnade, là-bas, qui a vu lever tant de soleils, qui a regardé tant de commencements de jour, mutilée, triste et grande, regarde encore celui-ci...

Nous marchons pendant des heures sur la route unie et droite, où s'étonnent nos chevaux habitués aux sentiers de traverse.

C'est dans d'immenses pleines d'orges et de pierres absolument sans arbres, entre deux chaînes de montagnes parallèles — le Liban à droite, l'Anti-Liban à gauche, l'un et l'autre couronnés et marbrés de neiges. Nous sommes cinglés sans merci par un vent âpre et froid. Des neiges, des neiges de tous côtés, et, à la base des montagnes, s'étendent d'autres marbrures presque également blanches, qui sont des zones de marguerites.

Après les grandes ruines, bientôt disparues, nous rencontrons encore, au bord d'un champ, un étrange petit temple païen, hexagonal, aux colonnes de granit et de porphyre. Puis, plus rien qui rappelle ce passé-là. Nous nous avançons de plus en plus dans une Syrie moderne et dans une Syrie chrétienne, croisant des cavaliers, même des voitures, et des paysannes maronites non voilées, dont quelques-unes sont très belles.

A midi, halte à l'entrée d'un village isolé, dans un de ces « khâns » moitié magasin et moitié auberge où l'on fournit aux voyageurs le gîte de jour, le narguilhé et le café. Au soleil et à l'abri de ce vent des neiges qui nous glace, sous une sorte de hangar badigeonné à la chaux blanche, tout au bord de la route où des caravanes passent, nous prenons notre repas, au milieu des enfants, des chiens, des chats et des poules de la maison, servis par une jeune fille chrétienne au visage non voilé.

Saine et fraîche, au grand air salubre de cette vallée, elle a des yeux gris, très ouverts et pourtant très doux, qui vous regardent longuement en face avec une tranquille candeur ; d'irréprochables traits et des joues de santé dorée ; une épaisse chevelure brune, qui frise et se rebelle beaucoup sous son voile de mousseline blanche. Sa robe d'indienne rose, d'une forme européenne d'il y a dix ans, mais gentille quand même et si proprement lavée, s'ouvre un peu sur son cou très long et très plein ; — et la femme orientale s'indique encore, malgré le costume changé, au collier de sequins et d'ambre qui descend sur la gorge, au henneh qui prolonge les sourcils.

Elle nous apporte de modestes narguilhés campagnards, en verre grossier et en cuivre; mais elle a eu soin de mettre, dans l'eau des carafes, des roses rouges et des fleurs d'oranger pour donner bonne odeur. Et elle essaie la chose avant de nous l'offrir, elle l'amorce soigneusement, avec une complète insouciance du charme que peut-être elle y ajoute en y appuyant sa bouche : — fille d'auberge, en somme, dont la beauté sera cueillie par le premier venu...

Dehors, sous ces grands souffles rudes, on avait l'impression de l'hiver ; tandis qu'ici, dans cet abri que réchauffe le soleil, on est bien, à regarder les caravanes passer dans la grande plaine nue.

Repartir est ennuyeux et presque mélancolique. Je ne sais quoi nous retient dans ce hangar blanc où le soleil entre ; non pas seulement la crainte physique du vent glacé qu'il faudra fendre à cheval jusqu'à ce soir, mais aussi la pensée que c'est une des dernières étapes de notre libre vie nomade et que tout cela va finir ; et peut-être enfin, qui sait, une imperceptible attirance vers la jeune fille chrétienne aux beaux yeux gris candides et à la robe rose, un très furtif regret de la quitter, si inconnue, pour ne la revoir jamais... Oh! bien imprécis, ce sentiment, et ne se formulant même pas. Cependant c'est déjà un ironique rappel à la terre, de se dire que, si on s'y livrait un peu, on pourrait en venir à perdre de vue toutes choses, non seulement l'inquiétude des sanctuaires de Baal qui ce matin hantait nos esprits changeants, non seulement l'obsession de tous les fantômes et de toutes les cendres des passés, mais aussi tous les désirs d'éternité, tous les songes de ciel, — et cela, pour un leurre d'un jour, approprié sans doute, mieux que les grands rêves, à notre brièveté dérisoire...

Sur le soir, nous rejoignons, près de Chtora, la voie plus fréquentée qui va à Beyrouth et qui vient de Damas. Alors, c'est presque fini de l'Orient autour de nous : paysages et maisons quelconques; fils télégraphiques courant le long d'une route bordée de peupliers où des voitures passent.

Puis, nous campons pour la nuit au pied de la haute chaîne du Liban, qui nous sépare encore de la Méditerranée. C'est dans l'ombre d'une gorge sinistre, près d'un khân en ruines, en compagnie d'une vingtaine de chameaux et de chameliers de mauvaise mine qui arrivent de Bagdad. De gros nuages d'un gris noir descendant des sommets ont l'air de choses consistantes et lourdes qui rouleraient le long des flancs de la montagne, et qui lentement couleraient sur nous.

XVII

Jeudi 3 mai.

Toute la nuit, des averses torrentielles, poussées par un vent déchaîné. Au commencement d'un jour gris et froid, sous une pluie encore incessante, nous levons le camp — deux heures après nos voisins, les chameliers de Bagdad. Pour entrer à Beyrouth, nous avons repris nos costumes d'Europe, ternes comme l'Occident qui s'approche et aussi maussades que le temps du jour.

Par des lacets interminables, il nous faut gravir le Liban jusqu'aux nuages et aux neiges, dans des brouillards épais, dans des obscurités glacées. Sous le déluge qui ne s'arrête pas, nous croisons des caravanes, des voitures, de longues files de chariots à mules; tout le pays est hideusement bouleversé par les travaux du chemin de fer de Damas; partout des entrées de tunnels bayant dans des rochers ; des machines qui fument, des amas de rails de fer, des éboulements de cailloux et de terre mouillée. Une espèce de neige fondue, dont nos vêtements sont bientôt trempés, ruisselle sur nous si froide que nos mains s'engourdissent et nous font mal à en pleurer.

Près des cimes maintenant, nous passons dans des nuées si compactes que nous n'y voyons plus ; mais, quand elles se déchirent, des abîmes noirs se révèlent sous nos pieds.

Enfin, nous sommes en haut, et, pendant une éclaircie, dans un déploiement subit de l'horizon, toute la contrée au delà nous apparaît : la côte de Syrie, et la Méditerranée semblable à un vague ciel vert qui remonterait vers l'autre, vers le vrai — si tourmenté en ce moment et si obscur.

Et, à présent, sur l'autre versant du Liban enténébré, nous allons descendre. La pluie cesse, les déchirures des nuages deviennent plus larges, plus nettes. L'air s'adoucit, nos mains ne nous font plus mal et, de temps à autre, un rayon de soleil vient nous sécher. Nous sortons par degrés d'une détresse physique, d'une espèce de cauchemar de nuit et de froid.

Un monde infini, toujours plus ensoleillé, se

déroule devant nous ; les grosses nuées sont chassées toutes vers les cimes d'où nous venons, puis retombent par derrière et disparaissent. Nous voyons encore les régions d'en bas dans des perspectives un peu anormales, les collines comme aplaties sur le sol, et la mer, redevenue bleue, comme soulevée trop haut dans l'air. Elles sont d'une intense couleur verte, ces collines inférieures, que recouvrent des bois de pins lavés par les grandes pluies. Beyrouth aussi s'indique bientôt, très jolie encore à de telles distances : myriades de maisons blanches ou roses sur une pointe qui s'avance au milieu du bleu de la mer. Et l'éclat des nuances orientales, peu à peu revenu, est un pur enchantement après les sombres grisailles dont nous sommes à peine sortis.

Nous rejoignons la caravane des gens de Bagdad, nos voisins de la nuit dernière. L'un des chameliers, qui chemine un instant près de moi, n'avait jamais quitté ses déserts et s'extasie devant cette ville lointaine, devant cette verdure, surtout devant cette chose bleue qui ne finit plus : la Méditerranée.

— Combien de temps encore, demande-t-il, avant d'arriver là-bas ?

— Trois heures pour nous qui sommes à cheval; quatre ou cinq heures pour vous, à l'allure lente de vos chameaux.

Ses yeux émerveillés disent son impatience d'atteindre ces régions des eaux et des arbres qui lui semblent le paradis sur terre.

Midi. Nous sommes descendus de plus de mille mètres depuis les sommets, et il est temps de faire la grand'halte du jour. Maintenant l'air est tiède, d'une limpidité exquise; un gai soleil achève de sécher nos vêtements et les harnais de nos chevaux.

A la porte d'un petit khân encore isolé, sous des arceaux blancs, nous faisons monter une table et servir notre dernier repas de route, devant le paysage magnifique. Des collines, des bois, des villages s'étaient sous nos yeux, et la côte de Syrie, frangée d'écume blanche, s'en va se perdre dans des lointains clairs.

Sur la Méditerranée, en face de Beyrouth, sont posées des choses qui, de si haut, semblent des compagnies de petits poissons grisâtres : des escadres européennes, des paquebots rapides — visiteurs de fer qui arrivent, tous les jours plus nombreux, pour bouleverser le vieil Orient à son déclin.

Quand vient l'heure du narguilhé, nous la prolongeons ici très longuement, n'ayant aucune hâte de remonter à cheval pour aller faire tête là-bas dans la banalité de Beyrouth. D'ailleurs, malgré l'extrême bien-être physique, malgré la suavité de l'air, l'admirable couleur des horizons et le rayonnement bienfaisant du vieux Baal qui nous réchauffe, voici que notre dernière petite halte de montagne s'enveloppe peu à peu de l'immense et éternelle mélancolie des choses qui vont finir...

Fin de la vaine, de l'inutile étape que ce voyage aura été dans notre vie. Fin de notre course aux fantômes, à travers un pays lui aussi finissant — et finissant de la grande fin sans recommencement possible.

Au départ, on nous l'avait dit : « Jérusalem, la Galilée... le Christ n'y est plus... » Et en effet, dans toute cette Terre Sainte, nous n'avons guère trouvé que la profanation, ou bien le vide et la mort. Bientôt du reste, on l'aura tellement changé et détruit, ce berceau du monde, que nos fils ignoreront quels étaient sa tristesse délicieuse et son antique mystère ; et le peuple arabe, qui depuis tant de siècles nous le gardait — sous un joug hostile, il est vrai, mais immobilisant et à peine destructeur — le peuple arabe, le peuple du rêve s'en va lui-même, et si vite ! devant l'invasion dissolvante et mortelle des hommes d'Occident...

Nous suivons des yeux là-bas la caravane de Bagdad, qui lentement descend vers la ville encore éloignée ; elle est déjà très bas sous nos pieds et la voici qui arrive au milieu des bois de pins si magnifiquement verts. Les couleurs s'avivent de plus en plus partout et les derniers lointains se précisent ; nous voyons, de différents côtés, des choses infinies. Tous ces villages du Liban, épars sur les collines au-dessus et au-dessous de nous, sont devenus roses ; la mer calmée a repris sa nuance des beaux temps, pareille à celle du lapis.

Nos narguilhés vont s'éteindre et l'odeur orientale de la fumée s'est répandue dans l'air avec de violents parfums de plantes...

Donc, il s'achève ce soir, notre pèlerinage sans espérance et sans foi. Et maintenant, après avoir tenté, puérilement si l'on veut, de reculer au fond de ces passés que les hommes oublient, il va falloir rentrer un peu dans le courant de ce siècle. Ce sera, il nous semble, avec une lassitude plus profonde, avec un plus définitif découragement, que les petits mirages nouveaux, les amusantes petites choses du jour et l'art des villes en fonte de fer auront peine à secouer encore.

En nous s'est affirmé d'une façon plus dominante le sentiment que tout chancelle comme jamais, que, les dieux brisés, le Christ parti, rien n'éclairera notre abîme...

Et nous entrevoyons bien les lugubres avenirs, les

âges noirs qui vont commencer après la mort des grands rêves célestes, les démocraties tyranniques et effroyables, où les désolés ne sauront même plus ce que c'était que la Prière.....

LA MOSQUÉE VERTE

LA MOSQUÉE VERTE

*A Monsieur Paul Cambon,
ambassadeur de France.*

I

Brousse, 29 mai 1894.

Les Imans de la Mosquée verte, assis à l'ombre matinale, commençaient le rêve du jour. Les premières heures du soleil nouveau venaient de les réunir dans leur lieu familier, au bord de la sainte terrasse, sous des platanes centenaires. La mosquée, derrière eux, élevait sa façade de marbre. Et, à leurs pieds, devant leurs yeux contemplateurs, la ville de Brousse, toute noyée de verdure, dévalait doucement dans l'abîme lointain des plaines.

Ils rêvaient à l'ombre, les Imans de la Mosquée Verte. Les feuilles neuves des platanes étendaient un dôme très frais au-dessus de leurs turbans immobiles. Peu de bruits troublaient leurs flottantes pensées : des chants d'oiseaux, des musiques d'eaux vives, et, entendues de loin, des voies gaies de petits enfants ; la ville d'en dessous, à demi cachée dans les arbres, leur envoyait à peine le murmure de sa vie tranquille, assourdie sous tant de feuillages.

La terrasse où les Imans rêvaient était, devant la mosquée, comme un péristyle déjà religieux ; elle formait sanctuaire au dehors. Elle s'entourait d'un mur bas tapissé de fleurettes de mai, et on y accédait par un portail ouvert à tous venants. En plus de ces platanes vénérables, sous lesquels les Imans s'abritaient, on y trouvait aussi un grand cyprès sombre et un kiosque blanc, aux arceaux légers, d'où jaillissait une fontaine...

Quand, avec mon compagnon de voyage, je pénétrai pour la première fois dans ce lieu de continuelle paix, nous n'étions à Brousse que depuis la veille au soir, amenés par l'ambassadeur de France.

La maison où notre ambassadeur nous avait offert l'hospitalité charmante était située à mi-hauteur de montagne, en dehors de la ville, presque dans les champs, entre Brousse et le village de Tchékirgué.
— Une maison orientale toute neuve, presque inachevée, ayant encore ses plafonds et ses portes de bois blanc; en bas, un vestibule pavé de faïence; en haut, nos chambres regardant des lointains infinis — et un grand salon aux murs blanchis de

chaux fraîche, sur lesquels on avait cloué à la hâte de longues broderies de soie et d'or en forme de portes de mosquée.

Arrivés en voiture, très tard, pendant une nuit sans lune, nous n'avions rien pu deviner hier de la vieille ville délicieuse. Et, ce matin, nos fenêtres ouvertes au clair soleil, nous nous étions d'abord émerveillés de voir tout apparaître ; l'impression nous était venue de plonger aux temps anciens de l'Islam, d'assister à un printemps d'autrefois, dans un éden de tranquillité et de verdure. Puis nous étions sortis dans la lumineuse campagne, et, pressés de connaître cette Mosquée Verte, nous avions loué une quelconque de ces petites carrioles turques, qui stationnent aux carrefours des chemins, sous les grands arbres. D'une forme bizarre de nacelle, peinturlurée de toutes sortes de dessins et de fleurs, elle était mal suspendue, basse, avec une toiture courbe ornée de cuivres brillants et de broderies de perles ; le cocher portait veste rouge soutachée d'or ; le cheval blanc, bariolé de hennch, avait des colliers, des pendeloques et des clochettes : tout un Orient archaïque, naïf, un peu enfantin encore, s'ébattant dans la joie des nuances vives.

En route, nous avions croisé quantité de petits équipages pareils, qui détalaient gaîment, éclatants de peinturlures, au milieu des verts printaniers, sous les voûtes de feuilles nouvelles, le long des talus de hautes herbes piquées de coquelicots rouges. Et, dans ces carrioles, c'était une continuelle diversité de costumes : des hommes en veste brodée et rebrodée, des femmes qui se drapaient dans de longs voiles de soie lamée d'or et ne laissaient voir de leur visage que les beaux yeux peints. Sous nos pieds s'étendait l'immense plaine, où des arbres moutonnaient à l'infini comme la frisure d'un tapis de laine verte. Et Brousse était devant nous, accrochée au flanc du mont Olympe qui dominait toutes choses de sa cime encore zébrée de neiges ; ville presque enfouie dans les branchages enchevêtrés, et plutôt devinée qu'aperçue ; sorte de grand bois d'une teinte de printemps, d'où émergeaient çà et là les dômes des mosquées, les minarets blancs et les cyprès noirs. — Nous dépassions aussi des charrettes lentes, que traînaient des buffles gris, coiffés de perles bleues, ou des bœufs blancs au front rougi de henneh. Et des groupes de paysans encombraient le chemin, apportant d'extravagantes charges de branches de mûrier, pour ces vers à soie qui depuis des siècles travaillent inconsciemment à filer les célèbres étoffes de Brousse.

Dans la ville enfin, nous avions commencé à

rouler bruyamment sur les pavés durs. De chaque côté des rues, les maisonnettes en bois se suivaient sans s'aligner ; les étages supérieurs, très débordants, étaient soutenus par des volutes, des consoles, et en général posés de travers sur les étages d'en dessous, suivant des fantaisies imprévues — pour orienter mieux vers le beau paysage, vers l'infini des plaines, quelque fenêtre grillée par où regardent les femmes. Il y avait des petites boutiques naïvement ornées ; des petits métiers bizarres qui s'exerçaient sans hâte par des procédés d'autrefois. On prenait de plus en plus conscience d'un recul dans ces bons temps passés, qui étaient moins durs aux artisans et aux pauvres. On sentait combien ici la vie était demeurée simple et contemplative : d'innombrables rêveurs étaient assis, à l'ombre des arbres, aux portes des cafedjis ou des barbiers, devant un narguilhé, une microscopique tasse de café, ou seulement un verre d'eau claire rafraîchie d'un peu de neige de l'Olympe. Des arbres, des arbres partout, et des rues entièrement voûtées de treilles centenaires, aux pampres tout neufs. Çà et là, aux carrefours, apparaissaient des petits lointains baignés de pénombre verte, comme des lointains de dessous bois, et la bigarrure charmante des costumes éclatait mieux dans le gai feuillage, la bigarrure des vieux

13

costumes turcs, nullement gâtés comme à Stamboul par nos modes tristes. Beaucoup de mosquées, s'abritant toutes sous des platanes géants, sous des platanes sans âge, aux troncs monstrueux, encore admirablement verts dans leur vieillesse extrême. Et tant de fontaines jaillissantes, descendant, en minces filets ou en belles gerbes pures, des neiges d'en haut! Toute cette ville ombreuse était entièrement pénétrée par les eaux vives, qui tombaient ensuite et se réunissaient dans les plaines d'en bas. Et tant de sépultures partout! Le long des rues et sur les places, des morts mêlés aux vivants; des kiosques funéraires, des tombeaux, verdis à l'obscurité de leurs grands cyprès... Mais cela était sans horreur et sans effroi, au milieu de ce peuple de croyants : il semblait que ces invisibles couchés sous terre ne faisaient là que poursuivre le tranquille rêve de leur vie, le même rêve, avec un peu plus de mystère seulement, un peu plus de silence encore et plus de nuit...

Brousse avait continué de défiler vite sous nos yeux, tandis que nous passions dans notre petite voiture peinte. Après une demi-heure de route, nous étions arrivés à un large et profond ravin, dans lequel courait un torrent sous un fouillis d'arbres ; des ponts l'enjambaient, des ponts antiques et massifs, d'énormes arceaux byzantins, — et, comme ces ponts étaient d'une inutile largeur, les Turcs avaient bâti dessus, tout le long des parapets, des maisonnettes suspendues, pour y jouir du site étrange : c'étaient des ponts habités. Contrairement aux villes arabes, où les impénétrables demeures, ensevelies de chaux blanche, n'ont jamais de fenêtres, les villes en bois peint de la Turquie regardent de tous côtés par des milliers d'ouvertures, que masquent seulement, pour l'observance musulmane, des grillages légers.

La ville enfin traversée, notre attelage s'était arrêté près de la Mosquée Verte, sous des platanes, et, à pied, déjà charmés, même un peu recueillis, nous avions franchi le petit portail pour pénétrer dans le saint préau. Les Imans alors nous étaient apparus, assis tout au rebord de leur terrasse et découpés en silhouette sur les lointains profonds qu'ils contemplaient. Leurs turbans, blancs ou verts, s'étaient à peine tournés vers nous, et puis ils avaient repris leur rêve, nous laissant contempler aussi.

La mosquée nous surplombait, toute blanche et tranquille. Ses parois de marbre, un peu déjetées par les siècles, par les tremblements de terre, donnaient, dès l'abord, malgré leur blancheur, immaculée, l'impression des temps lointains. L'herbe y poussait çà et là, formant bordure verte entre les assises, et des colombes affairées, qui faisaient leur nid dans les trous du mur, allaient et venaient alentour. La haute porte, d'un dessin mystérieux, avait pour couronnement quelque chose comme une multiple retombée de stalactites de grotte, et les fenêtres s'encadraient de fines dentelles d'Alhambra. Mais, malgré cette extrême complication de détails, l'ensemble, les grandes lignes, tout demeurait reposant et simple. Il était vraiment un grand maître du rêve, celui qui l'a conçue, il y a cinq siècles, la Mosquée Verte et qui l'a édifiée ici, devant ces perspectives profondes, en balcon avancé sur ce pays d'arbres.

Les marches de marbre blanc, envahies d'herbes qu'on ne dérange jamais, étaient aujourd'hui toutes semées de coquelicots rouges : les Turcs sentent le charme des ruines, des fleurs sauvages reprenant leurs droits sur les plus splendides choses humaines — et, d'ailleurs, s'ils ne réparent jamais rien, c'est pour ne pas contrarier la volonté d'Allah, qui est que tout tombe et finisse...

Les Imans, assis à l'ombre, ayant compris notre désir d'entrer dans le sanctuaire, nous avaient envoyé un jeune homme qui rêvait là, étendu à leurs côtés.

C'était un garçon pauvre, qui avait métier de louer des babouches aux visiteurs de ce lieu saint. Humblement il était venu nous chausser et ouvrir devant nous les portes de la mosquée sereine.

D'abord, nous n'avions perçu qu'une impression de fraîcheur, de pénombre délicieuse, de suprême paix ; puis, lentement, le charme spécial de ce lieu nous avait imprégnés.

Au centre, une fontaine jaillissait d'une vasque toute blanche. Sur les murailles, des faïences rares — de celles dont le procédé de coloration est depuis trois cents ans perdu — alternaient avec la blancheur des marbres. Au dessus de la porte d'entrée, apparaissait très haut la grande loggia en faïence des sultans d'autrefois, et, de chaque côté, au niveau des dalles, des loges pareilles s'ouvraient, pour les Imans ; les précieux carreaux qui les tapissaient, représentant d'inimaginables fleurs, avaient des encadrements et des bordures de tous les bleus turquoise — depuis la fraîche turquoise couleur de ciel clair jusqu'à la turquoise mourante s'éteignant dans les verts étranges.

Au fond de la mosquée, resplendissait le Mihrab (qui est, comme chacun sait, le portique très saint, orienté dans la direction de la Mecque, vers lequel se tournent les fidèles en priant) ; chef-d'œuvre d'art

ancien, très haut et majestueux, il était entièrement
en faïence; ses fleurs, ses arabesques, ses inscriptions
en relief, avaient des contournements infinis ; son
ogive, à mille brisures, était surchargée de stalactites, rappelait les lentes cristallisations aux voûtes
des cavernes ; et, au-dessus de tout, couronnant ces
complications amoncelées, une série de grands
trèfles polychromes se découpaient sur le marbre
blanc des murs.

Et toujours, ici comme dehors, dans son prodigieux entassement de détails, la mosquée demeurait
simple en elle-même, conçue avec un art supérieur,
pour être, malgré tout, reposante à voir. Le calme
qui s'en dégageait devait provenir peut-être de
l'absence de toute forme vivante : rien de ces images
douloureuses, souvent superbes, mais toujours trop
humaines, qui décorent nos églises. Les fleurs même
ayant je ne sais quoi de rigide qui les change ; partout la régularité géométrique, l'impersonnel, l'ab-
trait, l'inexistant ; l'arrangement des choses et leur
dessin pur, sentant déjà l'approche et l'apaisement
d'une sorte d'au-delà inorganique, immatériel, —
éternel...

Nous avions voulu visiter ensuite le tombeau du
sultan Mehemed Ier, fondateur de cette mosquée. Il

était dans le voisinage, sur une esplanade un peu plus haute, et nous avions dû repasser sous les vieux platanes, monter encore quelques marches de pierre.

C'est ce tombeau qui est la véritable *Mosquée Verte*, nom qui cependant va si bien à tout l'ensemble de ce lieu saint, à cause de l'admirable verdure des alentours, à cause de la verte pénombre que les platanes entretiennent ici au-dessus des marbres.

Un kiosque funéraire de forme octogonale, surmonté d'un dôme et orné au dehors d'un revêtement en petits carreaux couleur vert-de-gris, imitant les écailles des lézards.

Au dedans, un enchantement, dans des nuances de mer et d'émeraude. Des faïences semblables à celles de l'extérieur, mais brodées de fines arabesques d'or, et, au milieu de chacune des faces de l'octogone vert, une rosace polychrome, — une de ces rosaces à la fois si compliquées et si simples, d'un dessin de châle persan, qui s'effilent en une pointe élancée et que termine une sorte de fleur de lis. Des petits vitraux, haut perchés, tout près du dôme, et travaillés autant que des pièces de bijouterie, laissant descendre une lumière changeante, comme filtrée au travers de pierres précieuses. Par terre, l'épaisseur des tapis anciens, sur lesquels on marche sans bruit, en babouches. Et au centre du kiosque, le catafalque, le monumental catafalque incliné, en forme de cercueil, coiffé du turban de jadis et recouvert d'un voile de la Mecque, en soie groseille pâle avec inscriptions d'argent mat. Une merveille d'art oriental, cette grande triste chose rose, chamarrée d'argent, qui se dresse devant ces fonds couleur d'eau marine...

Ensuite, le loueur de babouches nous avait ramenés dans la première cour, près des Imans silencieux, nous proposant de nous asseoir aussi au rebord de la terrasse, pour jouir de la vue incomparable des lointains.

Les Imans, à notre approche, avaient porté leur main droite à leurs lèvres, puis à leur front, en geste de salutation amicale, nous invitant à prendre place près d'eux sur un tapis rouge. Et, alors, notre connaissance et notre sympathie avaient commencé.

Le lieu d'élection des Imans est une modeste et très vieille estrade en planches, qui s'appuie au tronc du grand cyprès et où l'on monte par trois marches fendillées au soleil. Le plancher en est très vermoulu; tout au bord de la terrasse, il affleure le sommet du petit mur d'enceinte, pour permettre, même aux personnes assises, de ne rien perdre du merveilleux panorama d'en-dessous.

Quand nous sommes là, on fait venir du café, des narguilhés, et le petit loueur de babouches s'assied aussi en cercle avec nous, car, si pauvre qu'il soit, les Imans l'admettent dans leur compagnie : d'abord, les gens du peuple sont ici tous plus ou moins affinés par la prière; et puis, la Turquie est le vrai pays de l'égalité, — égalité devant la contemplation et devant le rêve. Ils ont pourtant une foi, les Turcs, un clergé puissant, une théocratie et un khalife ; mais cela n'empêche pas les riches et les pauvres, les laboureurs et les plus savants derviches, de se tendre la main, de s'asseoir côte à côte, devant les plus humbles petits cafés, pour causer ensemble. Et nous ignorons complètement la fraternité qu'ils pratiquent, nous, les promoteurs des belles théories égalitaires qui aboutissent à la marmite explosible, après nous avoir fait passer par la duperie honteuse et bête d'une aristocratie d'argent.

Sur la terrasse des Imans, la causerie, qui amène pour nous l'oubli des heures, est très lente, très clairsemée dans du silence, composée surtout de formules aimables, sourires, gestes calmes pour indi-

13.

quer les grands horizons développés sous nos pieds.

D'abord, à la même altitude que nous, sur le flanc du mont Olympe, s'éploie la ville de Brousse, berceau des Osmanlis. Très plongée, cette ville, presque noyée, disparue dans les ramures de tous ses arbres, dans les feuillages si frais de son beau mois de mai. Les Turcs l'appellent la *Ville aux cinq cents mosquées;* et, en effet, ce qui surnage au-dessus du flot vert, ce sont surtout les saintes coupoles, les flèches blanches des minarets, — puis les grandes larmes noires des cyprès, disant qu'il y a partout des morts, que les Osmanlis d'autrefois sont là, endormis sous les pas de leurs fils pieux...

La ville ne descend point d'une plongée égale et régulière dans les plaines. Çà et là, des ressauts, des plans de terrain s'avancent comme des proues, supportant des mosquées plus émergées de la verdure, des maisons plus apparentes ; et, au bord de ces escarpements, toujours s'étendent des terrasses, des lieux de contemplation où d'autres rêveurs comme nous sont assis devant les lointains.

Les plaines d'en bas, toutes veloutées d'arbres, de peupliers, de mûriers, de chênes, s'en vont, s'en vont de plus en plus bleuâtres, jusqu'à une ceinture de montagnes très éloignées, d'une teinte claire d'iris, qui confinent avec le ciel pur. Et, derrière nous, cette mosquée aux grands murs de marbre, qui semble contempler aussi par ses fenêtres festonnées, épanche son calme mystique sur nos têtes...

Un groupe d'hommes est là, un peu à l'écart, dans le saint enclos. Assis ou étendus, accoudés au petit mur d'enceinte, silencieux tous, ils regardent au fond du gouffre vert : campagnards quelconques, brigands ou bergers. Grands et blonds, superbes, les yeux ombrés, la moustache détachée en clair sur le visage hâlé de soleil, ils portent des vestes bleues ou rouges, courtes de taille, laissant voir le large enroulement des ceintures de cachemire autour des reins souples. Leurs manches, taillées à la tartare, pendent librement de leurs épaules, un peu comme des ailes : leurs pantalons à mille plis s'arrêtent au-dessus du genou, découvrant, suivant la mode d'Anatolie, le haut du mollet nerveux au-dessus de la guêtre serrée. Types de guerriers songeurs, ils seront ou ils ont été de ces soldats croyants, admirables au feu, qui composent et rendent si fortes les armées de Turquie.

L'air est sec et suave, déjà d'une saine chaleur d'été. Le parfum des innombrables roses des jardins monte jusqu'à nous, mêlé à des senteurs balsamiques de cyprès...

— Est-ce qu'il y a dans ton pays beaucoup de

points de vue aussi beaux que celui-ci? demande en souriant l'un des turbans verts.

Et, au ton de sa question, on sent qu'il ne croit pas la chose possible...

Quelle conception haute et sage ils ont de la vie, ces gens-là ! — Considérer comme transitoires les choses d'ici-bas ; espérer en Dieu et prier ; se créer très peu de besoins, très peu d'agitations, et jouir le moins brièvement possible de ce qui est d'une vraie beauté sur terre : les printemps, les matins limpides et les soirs d'or.

Quand nous quittons les Imans de la Mosquée Verte, promettant de revenir les voir, leurs saluts sont gracieux et grands.

Et déjà, entre nous, une sympathie s'est nouée ; ils ont compris sans doute que nous sommes presque des Orientaux, nous dont les côtés tourmentés leur échappent...

Brousse, que nous traversons de nouveau pour rejoindre la maison de notre ambassadeur, sommeille doucement sous la chaleur de midi. Et beaucoup de gens sont à genoux, les mains jointes, la tête levée, faisant leur prière.

II

Parmi tant de lieux de paix et de rêve dont l'ensemble forme Brousse, il en est un autre particulièrement exquis : le bocage funéraire, autour de la mosquée Mouradieh. Là, sous des cyprès hauts comme des tours, sous des platanes centenaires grands comme des baobabs nubiens, sont ombragés des kiosques qui servent de dernière demeure à plusieurs sultans passés. Des rosiers, comme des lianes, courent d'un arbre à l'autre, fleurissent avec une étonnante profusion le long des sentiers envahis d'herbes folles. De l'eau jaillit partout des vieilles fontaines ; des oiseaux ont des nids dans toutes les branches. C'est le bocage de l'ombre et surtout le bocage des roses. Par exception, on n'y a pas de vue ; on y devine seulement, sans les voir, les plaines d'en dessous ; on y est enfermé sous une voûte verte, entre des murs verts qui y font la paix plus inviolable qu'ailleurs et plus attristée.

Et, de tous ces très vieux kiosques — que vient nous ouvrir les uns après les autres un Iman rêveur — le plus charmant est celui du prince Mustapha (1472).

L'intérieur en est revêtu des plus admirables faïences persanes. C'est, sur fond bleuâtre, un semis de fleurs imaginaires, d'un dessin archaïque et rare ; des fleurs de deux bleus, lapis et turquoise, alternant avec des fleurs de corail, émaillées en relief. Au-dessus de cette tapisserie féerique, court une frise également en faïence, à fond noir, avec inscriptions religieuses blanches traversées de gerbes de fleurs roses. — Et on recherche aujourd'hui le secret de ces colorations-là, qui est perdu depuis trois siècles.

Le prince ayant demandé que son tombeau fût semé de gazon et arrosé par l'eau du ciel, ses successeurs fidèles ont laissé, dans la voûte de ce kiosque sans prix, une ouverture par où les pluies tombent ; le catafalque de marbre blanc, en forme de grand cercueil ouvert, a été rempli d'un terreau rougeâtre où pousse à l'ombre, entre les merveilleuses murailles de faïence, une herbe pâle et maladive.

Le soir, une attirance nous ramène vers nos amis de la matinée, vers la belle Mosquée Verte.

En même temps que nous, y arrivait un petit cortège funéraire : un jeune homme, porté à l'épaule, sur un brancard, par d'autres jeunes hommes recueillis et graves. Le corps, à jamais rigide, était recouvert d'étoffes brodées qui en dessinaient la forme, et on ne voyait pas le visage, caché sous un voile. Rien de triste lugubrement, mais plutôt une mélancolie apaisée et douce, dans cette scène de mort, dans ce cortège si jeune, aux costumes de couleurs vives, défilant sous les platanes, par une soirée de printemps, avec toutes ces fleurs alentour...

Nous avions ralenti notre marche pour les laisser passer.

Ils déposèrent un instant la civière sur les marches de la mosquée. Les Imans alors, sans qu'on les appelât, se levèrent lentement, dans leurs robes de prêtres, et vinrent s'aligner autour du mort pour prier.

Puis, quand les prières furent dites et l'enterrement reparti, ils se tournèrent vers nous avec de bons sourires, nous invitant à venir reprendre place sur l'estrade, sur le tapis rouge, pour faire avec eux le rêve du soir.

Un cafedji du voisinage apporta comme ce matin des narguilhés, du café, et de primitifs petits sorbets rafraîchis à la vraie neige d'en haut; puis, voyant que nous désirions payer à notre tour cette dînette : « Oh ! dirent-ils en plaisantant, vous êtes des *mussafirs* (des étrangers) ; votre argent ne passerait pas dans notre ville », et le cafedji, d'entente avec eux, n'accepta point nos offres. Ils étaient presque pauvres cependant, et quelques pièces de monnaie comptaient encore pour eux ; mais leur refus avait tant de bonne grâce distinguée, que nous ne pouvions que nous soumettre et sourire aussi.

Vraiment, ceux qui n'ont rencontré les Turcs qu'à Constantinople, ou dans d'autres ports déjà déflorés par notre contact, ne les connaissent pas ; c'est dans les petites villes moins fréquentées de l'intérieur qu'il faut venir pour apprécier leur hospitalité ouverte, leur courtoisie parfaite, leur délicatesse — et leur scrupuleuse honnêteté.

— Où l'ont-ils emporté, le jeune homme mort ? demandai-je.

— Là haut, dirent-ils, souriant toujours, comme s'il n'y avait rien de définitif ni de sombre dans cet anéantissement-là ; *il est allé dormir dans la montagne...*

Gardiens de vieux rites vénérables, dans le plus

exquis des sanctuaires, les Imans n'avaient pas éprouvé le besoin de voyager beaucoup. Et l'un d'eux, qui ne connaissait même pas Stamboul, m'interrogea sur les aspects du Bosphore.

Le groupe des beaux guerriers fiers, aux moustaches blondes, se tenait, comme ce matin, à quelques pas de nous, immobile au bord de la terrasse.

— Qu'est-ce qu'ils font, ceux-ci? dis-je. Qu'est-ce qu'ils attendent, à la même place, depuis tant d'heures?

L'un des turbans verts sembla surpris, et, comme explication, me montra, de son geste large et noble, les vertes plaines fuyantes, la ville turque étendue au flanc de l'Olympe :

— Mais, répondit-il, ils regardent!

Ce motif de la longue immobilité de ces hommes lui semblait suffisant et naturel.

Ouvrant sans bruit le portail, quatre petites filles de six à huit ans, délicieusement jolies, entrèrent dans le préau. Leurs robes longues avaient des couleurs éclatantes de fleurs ; des petits voiles de mousseline blanche peinturlurée, posés sur leurs cheveux teints au henneh, les coiffaient drôlement. Elles tenaient des hannetons verts attachés par des fils ; elles avaient chacune au front une rose avec un brin de jasmin, et, aux oreilles, des cerises accrochées. Dans leurs yeux noirs, déjà tout le mystère et tout le charme des femmes orientales.

Sur les dalles tristes, à côté des Imans graves, elles se déchaussèrent, firent un tas de leurs socques et de leurs babouches ; puis se mirent à sauter par-dessus, à cloche-pied, en chantant une chanson lente.

Et les Imans de la Mosquée verte, détournant leurs yeux des contemplations d'infini, se plaisaient maintenant à regarder sauter les petites filles ; à l'ombre des vieux platanes, elles étaient aussi fraîches, sur le fond des marbres blancs de la mosquée, aussi éclatantes que les coquelicots ou les marguerites, — petites fleurs de Turquie, elles-mêmes...

C'était l'heure du tournoiement joyeux des martinets et de leurs grands cris dans l'air, l'heure plus dorée du soir. En bas, aux profondeurs de l'horizon, des vapeurs déjà orangées, déjà roses, se confondaient avec les plus lointaines cimes ; les montagnes avaient l'air de nuages délicats qui se seraient figés, et les nuages semblaient des montagnes un peu chimériques, dont les contours lentement se déformaient, dérangés par d'imperceptibles souffles.

Nous prîmes congé des Imans de la Mosquée Verte et du loueur de babouches, — leur serrant à tous la main, cette fois, déjà comme à des amis, — pour monter, avant la tombée du jour, à un lieu appelé Bounar-Bachi (la Tête des Sources), dans des quartiers plus élevés, tout en haut de ce bois qui est une ville.

Et notre voiture se mit à gravir des pentes très raides, entre des maisons qui débordaient par leurs étages supérieurs sur les rues étroites. Il y avait le long du chemin quantité de vénérables petites mosquées, plus ou moins en ruines, beaucoup de cyprès et de tombeaux. Et, montant toujours au flanc de l'Olympe, nous avions des plongées de vue de plus en plus profondes sur les plaines d'en dessous.

Bounar-Bachi, un plateau ombreux, où l'herbe pousse très fine sous le couvert de saules antiques, aux branches énormes, aux troncs contournés comme des corps de monstres. Çà et là, de grands cyprès sous lesquels verdissent des tombes, et, naturellement, beaucoup de sources bruissantes, beaucoup d'eaux transparentes et froides, à peine échappées des sommets neigeux. C'est un lieu muré par les arbres, où l'on n'a pas de vue et qui porte au recueillement triste. Cependant des enfants y jouent, des enfants qui ont de beaux yeux pleins de la joie d'exister. Et des femmes s'y promènent, enveloppées dans des voiles qui sont teints d'adorables nuances de fleurs.

Nous nous arrêtons là, un moment, devant un petit café isolé. Des hommes silencieux y sont assis près de nous, dans l'éclat charmant du costume oriental ; ils écoutent bruire les sources fraîches ; ils regardent devant eux la prairie fermée et les tombes voisines, — sous lesquelles, sans doute, des morts continuent plus confusément, dans les racines des cyprès, un rêve pareil au leur.

Au crépuscule rose, nous redescendons, le long des murailles byzantines qui entourent la Brousse d'autrefois, débris encore imposants, de carrure presque cyclopéenne. Comme la vue est encore plus jolie, du haut de ces murailles, des maisonnettes de bois s'y sont perchées, — tout comme en bas, sur les parapets des vieux ponts.

De ce chemin qui descend, nous avons, au coucher du soleil, un aspect d'ensemble étrangement lumineux de la vieille ville turque, qui est comme éboulée, comme dégringolée en cascade sous la verdure ; quelques mosquées, qui posent sur des espèces de roches en promontoire, surgissent presque entières hors des branches et s'élancent très majestueuses. Là-bas, tout au loin, apparaissent en bleuâtre les forêts peuplées de cerfs ; sous nos pieds, les plaines de mûriers verts, et, au-dessus de nos têtes, l'antique Olympe aux neiges blanches, patrie de tous les gentils ours danseurs que des montagnards promènent dans les villes au son du tamtam, pour la joie des petits enfants de Turquie.

Par une belle nuit d'étoiles, les grillons chantant, les lucioles promenant leurs étincelles en l'air, nous nous endormons dans la maison de notre ambassadeur, dans nos chambrettes de bois neuf, entendant vaguement, au milieu du silence de la campagne, le bruit des eaux courantes et le chant perlé des rossignols.

III

Mercredi 30 mai.

Les Imans de la Mosquée Verte, assis à l'ombre de leurs platanes, avaient repris dès le matin leur rêve d'hier.

Trois figures nouvelles aujourd'hui s'étaient jointes à eux. D'abord un vieil Iman comme il en apparaît dans les contes orientaux, si vieux, si vieux, que, lorsqu'il était immobile, il semblait à peine vivre. Longue barbe blanche et longue robe blanche. Sur le tapis rouge, personnage tout blanc, il était assis à côté des autres, continuant un rêve commencé depuis près d'un siècle. Ensuite, un nègre à turban vert, qui revenait des villes saintes, et un *Meghrabi*, un Arabe d'Algérie.

A l'écart, le groupe des beaux guerriers blonds en veste brodée, et, sous les arceaux du kiosque blanc, les quatre petites filles aux boucles d'oreilles en cerises: au complet, tout notre tranquille entourage de la veille.

Plus amical encore ce matin, notre salut de revoir avec les Imans. De chaque côté du vieillard, pour plus d'honneur, ils nous firent prendre place, et lui nous tendit la main en nous souhaitant la bienvenue avec un sourire. La Mosquée Verte aussi nous parut plus charmante; ses lignes, plus harmonieuses; une paix toujours plus grande se dégageait pour nous de sa façade de marbre, de ses marches de marbre, envahies par les coquelicots rouges et les herbes des champs.

Le nègre nous apprit qu'il était du Soudan occidental, mais qu'il ne se rappelait plus sa patrie, ayant été amené tout petit à Brousse. L'Algérien nous conta qu'il était venu ici à la suite d'un pèlerinage à la Mecque, — sans trop savoir pourquoi, par fantaisie de nomade, peut-être : mais à présent il regrettait son pays, quitté depuis deux années, et souhaitait d'y revenir. Il se trouva que mon compagnon de voyage, H. de V..., — qui jadis fut aussi mon compagnon au Maroc, — avait habité son village, connaissait sa tribu, son caïd, ce dont l'exilé fut touché jusqu'aux larmes. Alors une conversation en arabe s'engagea entre eux deux, tandis que je causais en turc avec les Imans et qu'on apportait les narguilhés, le café, les petits sorbets. Une ombre délicieuse descendait des platanes, un vent exquis à respirer passait sur cette terrasse suspendue, qui domine de très vastes lointains ; la fontaine jaillissante, sous le kiosque blanc, rafraîchissait l'air ; il semblait même qu'une fraîcheur sortait aussi du sanctuaire si proche, de tout cet amas de marbre et de faïence qui est la Mosquée Verte.

Nous les quittâmes comme hier, à l'heure chaude de midi, promettant de venir ce soir, — notre dernier soir, — leur faire une visite d'adieu.

Notre voiture, cette fois, pour traverser Brousse, prit par le long bazar ; il faisait plus frais dans ce lieu, dans la demi-obscurité de ces voûtes. Et nous regardions défiler les étalages, plus colorés au milieu de la pénombre, les tapis éclatants, les étoffes bariolées, — surtout les fameuses gazes de soie de Brousse, qui semblent des brouillards roses ou bleus, impalpables, sur lesquels on aurait tracé des raies en jetant des flocons de neige.

De distance en distance, de grands tableaux naïfs étaient peinturlurés à la voûte de ce bazar. Cela représentait de saintes villes idéales, toutes de mosquées et de tombeaux, où abordaient, sur une mer bleu faïence, des navires voiliers en forme de nefs antiques. Puis nous traversâmes le quartier des fabricants de buires en cuivre, de harnais brodés, de frappoirs pour les portes des maisons, de plateaux et de coffrets. Çà et là, au milieu des boutiques, les marchands de comestibles montraient leurs petites cuisines sobres et proprettes, ornées de fleurs. Très peu de viandes; des bouillies, des laitages, des tranches roses de pastèques. Et les robustes portefaix, les hommes de peine venaient acheter, dans des assiettes à poupée, de petites parts de ces choses qui suffisaient à entretenir leurs muscles superbes, tant la sobriété est habituelle et héréditaire en pays turc. Aucun vin, bien entendu, aucune liqueur fermentée ; rien que des citronades, tenues fraîches sous des blocs de neige de l'Olympe.

En passant, nous apercevions par échappées les rues transversales ; sous des treilles centenaires, sous des platanes géants, les petits cafés où les gens du peuple se reposent heureux, dans la griserie très douce des narguilhés. Quelques heures de travail pour de minces salaires leur suffisent par journée, modérés qu'ils sont dans leurs besoins et leurs désirs. — On a toujours de quoi, n'est-ce pas, s'acheter une jolie veste brodée qui dure plusieurs saisons et payer sa place sur un banc, à l'ombre d'été ou au soleil d'hiver. Ensuite, quand décline la vie, la foi est là pour chasser la terreur de la mort...

Le soir, au soleil baissant, nous revînmes à la Mosquée Verte, faire notre visite d'adieu à nos amis.

Le vieil Iman à barbe de neige était, comme ce matin, assis près d'eux, dans les plis de sa robe blanche. Et la causerie recommença entre nous, — gens appartenant à des mondes si éloignés, et pour ainsi dire à des siècles différents.

Eux nous désignaient, parmi tant de dômes qui émergeaient de la verdure, les mosquées principales et nous nommaient leurs fondateurs, presque toujours ensevelis dans leur voisinage :

— C'est dans ce kiosque que *dort* le sultan Osman, — et dans cet autre, le sultan Mourad...

. . . .

— Y a-t-il, interrompit le vieillard tout blanc, y a-t-il des hommes aussi âgés que moi, dans ton pays?

— Je ne sais pas, répondis-je ; combien d'années avez-vous, mon père?

— Quatre-vingt-quinze ans, environ.

— Oh! oui, alors, il y en a.

Un silence.

— Et y a-t-il des hommes qui atteignent cent années, dans ton pays?

. . . .

Une petite fumée apparut, dans le vert infini de la plaine, dans la mer d'arbres étendue à nos pieds, une petite fumée qui serpentait, rapide, s'approchant de nous. Le vieillard me la désigna de la main, d'un geste élargi par l'ampleur de sa robe blanche; il ne prononça pas une parole, mais son clignement d'yeux, son sourire un peu narquois signifiaient : « Tu connais ça?... ça vient de chez toi? »

Hélas, oui, je connaissais ça, et je me mis à sourire aussi de sa moquerie discrète. Le chemin de fer! le petit chemin de fer à voie étroite qui, depuis une année, relie Brousse à l'un des ports de la mer de Marmara.

— Dans ton pays, si l'on était ainsi sur une hauteur, on en verrait passer beaucoup, je suppose?

— Hélas, oui, mon père...

— Ici, nous n'en avons qu'un seul, oh! un seulement!... Mais, ajoute-t-il, *yetichir! yetichir!* (Cela suffit! cela suffit!)

Cela suffit, en effet. Je n'ose émettre cette idée devant lui, mais je trouve même que c'est trop...

. . . .

Nous nous retournons, entendant ouvrir derrière

nous le portail de la haute terrasse. C'est l'ambassadeur de France qui vient visiter la Mosquée Verte, précédé, comme l'étiquette d'Orient l'exige, par un beau janissaire tout brodé d'or.

Nous lui avions parlé de nos modestes amis les Imans, et il se dirige vers notre petite estrade de contemplation, nullement surpris de nous trouver assis là. Les Imans se lèvent comme nous à son approche et nous faisons les présentations : « Nos amis, les Imans de la Mosquée Verte ! — Notre ambassadeur ! »

L'ambassadeur alors veut bien leur tendre la main, avec sa bonne grâce charmante, et eux la prennent tout simplement, sans obséquiosité ni gêne, ayant, eux aussi, comme tous les Orientaux, leur distinction et leur grandeur. Du reste, dans cette Turquie où les petits et les grands ont l'habitude de s'asseoir ensemble pour causer, rêver, boire à l'ombre les mêmes inoffensives choses, les puissants n'effarouchent pas les humbles.

Et, l'heure étant venue où le vieillard presque centenaire va redescendre à pas tremblants les marches de la petite estrade pour regagner sa maison, l'ambassadeur invite d'un signe le janissaire doré à le soutenir, — ce que celui-ci s'empresse de faire avec un visible respect.

Maintenant nous devons quitter, et peut-être pour jamais (nous retournons demain en Europe) ce lieu délicieux et unique qui est la Mosquée Verte.

Notre dernier coup d'œil, jeté au kiosque sépulcral du sultan Mehmed Ier, est inoubliable. Le soleil, très bas, au travers d'un vitrail qui semble en pierreries, envoie des gerbes de rayons colorés sur le catafalque rose et argent, et la grande chose funèbre se détache ainsi toute lumineuse sur la pénombre marine de ces fonds, revêtus de précieuses faïences vertes.

Brousse, que nous traversons pour la dernière fois, est déjà envahie par l'ombre du soir. Le crépuscule est commencé sous les platanes et sous la voûte touffue des treilles, dans les petites rues où toute la population est maintenant assise, après les paisibles travaux du jour, pour fumer les narguilhés endormeurs : gens du peuple en veste courte, rouge ou bleue, les reins ceints de cachemire, la tête noble coiffée du tarbouch à gland noir qu'un mince turban de soie entoure ; gens lettrés, gens riches, en robe longue, avec volumineux turban en mousseline blanche ou verte ; tous causant ensemble et attendant le signal de la prière du Moghreb qu'ils feront en commun. La chaleur est tombée avec la lumière, et partout on entend le bruit frais des fontaines.

Avant de rentrer au logis, nous voulons pourtant voir encore une fois le bocage funéraire autour de la Mouradieh.

L'heure est déjà tout à fait crépusculaire et les chauves-souris s'éveillent quand nous entrons dans cet enclos. Nous foulons l'herbe haute, plus recueillis dans la demi-nuit des platanes géants; leurs branches semblent des torses ou des trompes de monstres, et partout des buissons de roses les enlacent, — guirlandes de roses rouges ou guirlandes de roses roses. Nous ne rencontrons personne, et les kiosques des sultans morts semblent tous fermés, devenus lugubres, à présent, dans cette obscurité.

Nous nous en allions. Mais voici que surgit, des fonds d'ombre verte, l'Iman qui nous avait reçus hier. Il vient à nous souriant, comme déjà ami :

— Oh! mais pourquoi arrivez-vous si tard? En effet, tout est fermé.

Et lui-même venait de préparer sur un banc de pierre, dans ce lieu si désolé le soir, son matelas, son tapis et son narguilhé, pour se coucher et s'endormir.

A sa ceinture, il porte les grosses clefs des tombeaux et nous offre de les rouvrir. Nous le prions de nous montrer seulement celui du prince Mustapha, à cause des merveilles de faïence qu'il renferme.

Mais il fait trop sombre là dedans, sous le double couvert de la coupole et des arbres : on ne distingue plus les bleus lapis ni les rouges corail des fleurs émaillées ; le revêtement magnifique des murailles semble n'être plus qu'une tapisserie aux dessins démodés et tristes, en grisailles monotones ; le catafalque est inquiétant, avec sa coiffure humaine, et on croit sentir dans l'air une vague odeur de cadavre.

Allons-nous-en, décidément. Derrière nous, la vieille porte grince, refermée ; nous reprenons les sentiers pour sortir, sous le dôme épaissi des feuillages, entre les guirlandes de roses, dans cette herbe folle qui est spéciale aux cimetières.

Et comme nous voulions en cueillir, de ces roses : « Attendez ! » dit l'Iman. — Il disparaît derrière les branches, puis revient bientôt nous en rapportant d'autres, d'absolument embaumées, de celles qui servent à composer l'exquise essence orientale.

La nuit close, la nuit sans lune mais scintillante d'étoiles, me trouve à ma fenêtre, regardant encore le pays que je vais quitter demain matin, la plaine d'en-dessous, magnifiquement verdoyante au plein jour et intensément noire à cette heure.

Je me rappelle alors le vilain petit panache de fumée, qui était si empressé de courir au travers des bois et que l'Iman, bientôt centenaire, du haut de la terrasse délicieuse, m'avait signalé d'un geste, — et je crois entendre encore ce « *Yetichir! yetichir!* (Ça suffit! ça suffit!) » répété deux ou trois fois, à la manière des vieillards d'Orient qui aiment à marteler leur pensée par des redites.

Oh! oui, cela suffit, et même c'est trop, hélas! — C'est par là que vont venir s'abattre, sur la vieille capitale des Osmanlis, les tristes agités d'Occident; c'est par là aussi que tout s'en ira, vite, vite, comme un ruisseau qu'on ne peut plus retenir : tout, la paix, le rêve, la prière et la foi.

FIN

TABLE

LA GALILÉE. 1

LA MOSQUÉE VERTE 211

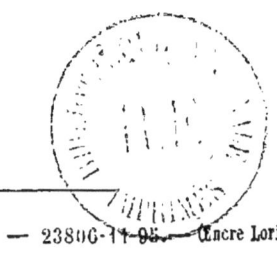

IMPRIMERIE CHAIX, RUE BERGÈRE, 20, PARIS. — 23806-11-95. — (Encre Lorilleux).

www.ingramcontent.com/pod-product-compliance
Lightning Source LLC
Chambersburg PA
CBHW050349170426
43200CB00009BA/1788